빠르게 독파하고 확실히 각인하는 비주얼 노트!

지혜롭게 사람을 움직이고 원하는 바를 이룬다!

데일 카네기
인간관계론

후지야 신지 감수 | 서희경 옮김

더 나은 인간관계를 맺으려면
나의 사고방식을 먼저 바꿔야 한다

미국의 교육자이자 저술가인 데일 카네기는 인간관계의
비법, 화술, 소통의 기술 등을 독자적으로 연구하였고,《인간
관계론》,《자기관리론》,《행복론》,《성공대화론》등 다수의 저
서를 출간했습니다.

1936년에 출간된《인간관계론How to Win Friends and Influence People》은
전 세계적으로 베스트셀러가 되었고, 오늘날에도 자기계발
필독서로 꼽히며 독자층의 깊은 신뢰를 받고 있습니다.

《인간관계론》은 '사람들과 신뢰 관계를 구축하려면 어떻게
해야 하는가?'라는 물음에 간단하고 이해하기 쉬운 답변을
제시합니다. 모든 사람에게 적용되는 공통 핵심은 '지시나
명령으로 상대방을 움직이려 하기보다, 내가 먼저 실천하여
상대방이 기꺼이 하고 싶게 만든다'입니다. 이는 가족, 회사
동료, 친구를 막론하고 모든 인간관계에 적용되는 공통 원칙
입니다.

우리는 다양한 수단을 통해 언제 어디서나 사람들과 쉽게 연결되는 시대에 살고 있습니다. 국가, 언어, 문화를 초월해 소통할 기회가 점점 많아지면서 인간관계에 관련된 고민도 더욱 복잡하고 다양해지고 있습니다.

이 책에서는 카네기가 가르쳐 온 인간관계의 원리를 일러스트로 구성하여 알기 쉽게 설명합니다. 나와 세상의 접점인 직장, 가정, 사회, 사교 모임 등에서 흔히 일어나는 장면과 상황을 구체적으로 제시하기 때문에 실천법과 요령을 한눈에 파악할 수 있습니다.

'모든 고민은 인간관계로 통한다'는 말처럼, 익숙하면서도 그때그때 대처하기 어려운 것 또한 인간관계입니다.

카네기의 가르침은 시대와 문화를 초월해 모든 사람에게 효과적인 해결책을 제시해 줍니다. 이 책을 통해서 여러분의 고민이 조금이나마 풀리고 긍정적인 삶을 누릴 수 있게 되길 진심으로 바랍니다.

후지야 신지

카네기는
누구인가?

지금으로부터 100년 전에 활동했던 카네기는 어떤 사람이었지, 그의 업적을 살펴보자.

데일 카네기
Dale Carnegie

1888년, 미국에서 태어난 카네기는 강사이자 강연가였다. 그는 가난한 농가에서 태어났으나 대학에 진학하였고, 여러 직업을 경험한 후 화술과 인간관계 기술을 가르치는 강사가 되었다. 이때의 지식과 경험을 모아 업적으로 길이 남을 2권의 베스트셀러를 출간했고, 오늘날까지 꾸준한 사랑을 받고 있다.

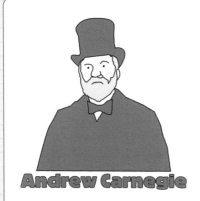

앤드루 카네기

데일 카네기와 동일인으로 착각하는 사람이 많다. 앤드루 카네기는 데일 카네기보다 50년 이상 앞선, 1835년에 태어났으며 철강왕으로 불린 미국의 사업가이다. 《인간관계론》에 앤드루 카네기에 관한 에피소드가 다수 등장하기 때문에 혼동하는 사람이 많은 것으로 보인다.

카네기의 저서

《인간관계론》

1936년 출간
전 세계 누계 매출 1,500만 부 이상

카네기가 연구와 실증을 통해 고안한 '인간관계의 원칙'을 한 권으로 정리한 책이다. 풍부한 인생 경험을 가진 카네기는 강사라는 직업 특성상 수많은 수강생의 사례를 접할 수 있었다. 이 책은 여러 번의 검증을 거듭한 끝에 완성한 결정판으로 시대를 초월한 보편성을 지니고 있다.

《자기관리론》

1948년 출간
전 세계 누계 매출 1,500만 부 이상

일상에서 마음을 건강하게 유지하는 다양한 방법과 조언을 한 권의 책에 담았다. 스트레스에 대처하는 방법, 과거에 얽매이지 않고 현재를 사는 것의 중요성 등을 다루고 있다.

카네기는 어떤 삶을 살았을까?

48세에 베스트셀러 작가가 되기까지, 카네기의 인생 여정을 되짚어 보자.

대학 졸업

미국 미주리주 농장에서 나고 자란 카네기는 어릴 때부터 사람들 앞에 나서서 이야기하는 것에 능숙했고, 학교 토론회 참가를 고대하는 소년이었다. 교사에 뜻을 두고 University of Central Missouri에 진학하여 학사 학위를 받았다.

배우, 잡지사 기자, 세일즈맨

대학 졸업 후, 카네기는 배우, 잡지사 기자, 세일즈맨 등 다양한 직업을 경험했다. 재계에서 두각을 나타내기 전까지는 연극과 문학에 심취했던 예술 지향적 인물이었다.

내향적인 성격 유형을 지니고 있던 카네기는 다양한 업계에 종사하는 사람들을 관찰하면서 꾸준히 지식과 견해를 넓힐 수 있었다. 그때의 경험을 통해, 사람을 가르치고 지식을 전달하는 데 적성이 있음을 깨닫게 된다.

화술 강사

카네기는 1912년, YMCA에서 야간 화술 강좌 강사로 부업을 시작한다. YMCA는 19세기 런던에 설립된 비영리 단체로 주로 교육 및 보육 분야 사업을 전개하고 있었다. 완전보합제 <small>(고정급 없이 매출 성과로 수입이 정해지는 방식)</small> 계약을 맺었으나, 강의를 거듭할수록 수강생이 늘어났고 사회 전반에 명성이 퍼져나갔다.

연구소 설립

카네기는 강의를 잘하려면 화술보다 인간관계 기술이 더 중요하다는 점을 깨닫게 된다. 이에 철학과 심리학 관련 서적을 탐독했고, 당대 유명인과 기업가를 직접 인터뷰하면서 수많은 자료를 축적해 나갔다. 그리고 이를 교재에 수록하여 강의에 활용했으며, 궁극에는 자신의 이름을 건 연구소를 설립하게 된다.

베스트셀러 작가

화술과 대인관계 기술을 체계화한 카네기는 48세에 《인간관계론》을 드디어 완성한다. 이 책은 출간과 동시에 사회적으로 큰 반향을 일으켰고, 그를 세계적인 작가 반열에 올라서게 했다. 오늘날까지도 수많은 사람에게 명실상부한 필독서로 자리매김하고 있다.

카네기식 사고방식이란
무엇일까?

강사, 강연가, 작가로서 수많은 사람에게 영감을 준 카네기가 우리에게 전하고 싶어 한
사고방식은 무엇이었을까?

인간의 행복에 대해서

인간이 행복해지기 위해 중요한 요소
는 '어떻게 생각하는가?'와 '무엇을
생각하는가?'이다. 사회적 지위나 재
력은 인간의 행복과는 그다지 관련이
없다. 자신의 사고방식에 따라 행복
을 영위할 수도 있고, 불행에 빠질 수
도 있다는 의미이다. 항상 주변에서
감사한 대상을 찾고 감사한 마음을
가지면, 하루하루 행복한 삶을 누릴
수 있다.

카네기는 '일에 흥미를 느끼면 인생
의 즐거움이 배가 된다'고 말한다. 그
이유는 대부분의 사람이 깨어 있는
시간의 절반 이상을 일하는 데 쓰고
있기 때문이다. 설령, 지금 하는 일에
서 즐거움을 찾을 수 없어도, 생각과
관점을 바꾸면 어떤 일이든 즐길 수
있다고 강조했다.

인간관계에 대해서

나와 타인은 다르다

나와 타인의 생각은 같을 수 없으며, 애초에 나는 타인의 생각을 알 수도 없다. 그렇다고 비관적으로 생각할 필요는 없다.

친절과 배려

정작 나는 내가 베푼 친절을 잊어도, 상대방은 평생 잊지 않는다. 그러니 항상 다른 사람을 배려하고 친절하게 대해야 한다.

원하는 것을 준다

'자발적으로 하고 싶어지는 마음'을 심어 주기 위해서는 상대방을 주의 깊게 관찰하고, 철저하게 상대방의 입장에서 생각하고 발상해야 한다.

《인간관계론》을 통해 무엇을 배울 수 있을까?

오늘날까지 전 세계적으로 꾸준히 읽히며 시대를 초월한 보편성을 지닌 데일 카네기의 베스트셀러 《인간관계론》를 읽으면 무엇을 배울 수 있을까?

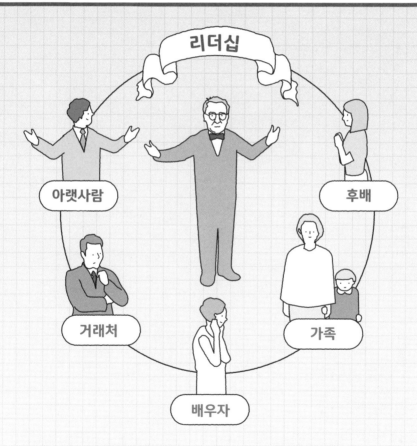

아랫사람을 육성하고 후배를 지도하는 매니저나 팀장이라면, 반드시 갖춰야 할 리더십을 배울 수 있다. 타인과의 의사소통 기술, 호감을 얻는 방법 등 모든 인간관계에 적용되는 교제의 원칙을 다루고 있다.

팀 전체의 성과를 요구받는 리더는 팀원 개개인의 역량을 최대한 활용해 팀 전체의 수준을 향상시킬 수 있는 방법을 배우게 된다.

회사 직원과의 상담, 거래처와의 비즈니스 협상, 이웃과의 호의적 관계, 가족의 유대 관계 구축도 핵심은 모두 같다.

지혜롭게 사람을 움직이고 원하는 바를 이룬다!

데일 카네기의
인간관계론

Contents

시작하며 ·· 2

프롤로그 ①
카네기는 누구인가? ····················· 4

프롤로그 ②
카네기는 어떤 삶을 살았을까? ······· 6

프롤로그 ③
카네기식 사고방식이란
무엇일까? ································ 8

프롤로그 ④
《인간관계론》을 통해
무엇을 배울 수 있을까? ············· 10

Chapter 1
소통의 기술

01 상대방의 자존심을 지켜주어야,
협력을 끌어낼 수 있다
자존심 ································ 20

02 내가 아닌, 상대방의 관점에서
이해한다
타인의 관점 ························ 22

03 상대방의 감정과 욕구를
이해한다
인간 공통의 욕구 ················ 24

04 토론 상대를 이기려고
애쓰지 않는다
인심 ································ 26

05 신랄한 언어 사용은
원망을 부른다
비판과 비난 ······················ 28

06 타인을 비난해서
얻어지는 것은 없다
비생산적인 행위 ················· 30

07 자신이 악하다고
생각하는 사람은 없다
정당화 ······························ 32

08 타인의 단점을 비난하기 전에,
자신의 단점을 먼저 고친다
단점 보완 ··························· 34

09 상대방의 자존심을 세워주어야
마음을 얻을 수 있다
8가지 욕구 ····················· 36

10 질책이 아닌, 칭찬으로
의욕을 북돋아 준다
의욕 ··························· 38

11 상대방을 나무라지 말고,
칭찬으로 자신감을 북돋아 준다
칭찬과 육성 ·················· 40

12 철강왕의 성공 비결은
칭찬이었다
마음의 영양분 ················ 42

13 칭찬받은 기억은
사라지지 않는다
호의 ·························· 44

14 거짓 칭찬은
결국 신뢰를 잃게 된다
아첨 금지 ···················· 46

15 상대방의 소망을
실현하는 방법을 보여주면
협력을 구할 수 있다
소망 ·························· 48

16 타인의 소망을 민감하게 살피고
나의 소망과의 공통점을 파악한다
소망 감지 ···················· 50

카네기 칼럼 ①
카네기에게 배우는
셀프 브랜딩 기술 ·················· 52

Chapter 2

호감의 기술

01 내가 먼저 상대방에게
관심을 기울인다
관심 ·························· 56

02 사랑받고 싶다면, 상대방이
무엇을 좋아할지 생각한다
기쁨 ·························· 58

03 상대방의 이름과 생일을
기억한다
거리 좁히기 ·················· 60

04 이름을 기억하는 방법을
고안한다
각인 ·························· 62

05 미소는 호감을 전달하는
가장 강력한 수단이다
보석보다 귀한 가치 ··········· 64

06 미소를 습관화하면
행복과 성공이 따라온다
행복과 성공을 끌어들이는 힘 ······· 66

07 가짜 미소는 오히려
상대방을 불쾌하게 만든다
진정성 ·············· 68

08 미소 덕에 큰 성공을 거둔 사례
즉석 미소 ················· 70

09 이름에 대한 애착을 이용하여
경쟁자를 내 편으로 만들다
합작 ···················· 72

10 잘 듣기만 해도
호감도가 높아진다
훌륭한 대화 ··············· 74

11 불만 고객을 진정시키는
방법은 이야기를 차분히
들어 주는 것이다
불만 응대 기술 ··········· 76

12 언변에 능한 사람보다 경청에
능한 사람이 호감 받는다
경청 ···················· 78

13 상대방의 말을 가로막는 사람은
비호감이다
참견 ···················· 80

14 상대방의 관심사를 공략하면
마음을 얻을 수 있다
흥미 유발 ················ 82

15 상대방의 관심사를
알아낼 수 있는 질문법이 있다
대화의 물꼬 ·············· 84

16 내가 원하는 것은 상대방도
원하고 있음을 고려한다
관계의 핵심 원칙 ·········· 86

17 성공한 사람도 칭찬에 약하다
칭찬 갈망 ················ 88

18 상대방의 입장을 존중하면
인간관계는 원만해진다
갈등 예방법 ·············· 90

카네기 칼럼 ②
카네기가 진심으로 아끼고
자주 인용한 위인의 명언 ·········· 92

Chapter 3

설득의 기술

01 언쟁을 피하고
상대방의 체면을 지켜준다
선종외시 ················ 96

02 논쟁에서 이겨봐야
돌아오는 것은 원망뿐이다
무의미한 승리 ············ 98

03 논쟁으로는 아무것도
바꿀 수 없다
상대방의 정의 ····················· 100

04 남을 설득하려면
배려와 존중이 필수이다
자리이타 ···························· 102

05 동지와 친구를 얻고 싶다면
승리를 고집하지 않는다
승리 양보 ···························· 104

06 자신이 옳다고 과신하지 말고
비판과 공격을 삼간다
자기 정의 과신 ····················· 106

07 실수를 지적하려면
은근하게 전달한다
암묵적 전달 ························· 108

08 상대를 무시하는
태도와 폭언을 삼가고,
배려하는 마음으로 다가간다
배려와 상냥한 표현 ··············· 110

09 내가 틀렸을 때는
그 즉시 겸허하게 인정한다
자기반성 ···························· 112

10 상대방의 자존심을 세워주고
관계를 돈독히 한다
자존심 충족 ························· 114

11 친근한 말과 행동으로
서서히 반감을 줄여나간다
우호적 언행 ························· 116

12 'No'보다 'Yes'를 끌어내는
질문을 한다
일관성의 법칙 ······················ 118

13 경청의 필수 자질은 참을성이다
청자 ································· 120

14 자기 자랑은 시기와 질투를
유발한다
겸손 ································· 122

15 상대방에게 정답을 강요하지
말고 스스로 생각했다고
착각하게 만든다
자기 결정 ···························· 124

16 남보다 뛰어나고 싶은
경쟁심을 불러일으킨다
승부욕 ······························ 126

17 도전 의식을 자극하면
의욕이 솟아난다
심리적 안전성 ······················ 128

카네기 칼럼 ③
카네기 교실은
'고민 해결 실험실' ················ 130

Chapter 4

리더십의 기술

01 누군가의 마음을 얻으려면
칭찬의 말부터 시작하라
관대함 ································· 134

02 먼저 나를 낮추면,
상대방도 지적을 받아들인다
겸허 ··································· 136

03 '명령'보다 '제안'으로
상대방의 자존심을 지켜준다
매니지먼트 ··························· 138

04 상대방이 수치심을 느끼지
않도록 체면을 지켜준다
공개 지적 금지 ····················· 140

05 입지가 약해진 사람일수록
체면을 지켜준다
체면 ··································· 142

06 기대를 받는 사람은
그에 부응하기 위해 노력한다
기대와 신뢰 ·························· 144

07 직함과 권한이 주어지면
기꺼이 일하게 된다
직위와 권위 ·························· 146

08 상대방에게 관심을 보이면
좋은 인상을 남길 수 있다
호감 ··································· 148

09 칭찬은 사람의 능력을
키워주는 힘이다
성장 동력 ···························· 150

10 인간은 가진 능력의
절반밖에 사용하지 못한다
숨겨진 힘 ···························· 152

11 칭찬으로 인생이 바뀌고
위대한 작가가 되다
인정 ··································· 154

12 칭찬은 범죄자도
협조하게 만든다
순응 ··································· 156

13 나를 싫어하는 사람을
내 편으로 만드는 기술
정중한 태도 ·························· 158

카네기 칼럼 ④
카네기의 수강생들로부터
배움을 얻다 ···························· 160

Chapter 5

결혼 생활의 기술

01 간섭과 통제는 행복을 파괴한다
질투심 ······························ 164

02 잔소리는 불화의 원인이 된다
집착 ······························ 166

03 폭력적인 사람과의 결혼은
인생 최대의 비극이다
가정 폭력 ························· 168

04 서로 존중하고
간섭하지 않는 것이 중요하다
상호 존중 ························· 170

05 배우자를 탓하지 말고,
원하는 바를 제대로 전달한다
인내심 ··························· 172

06 배우자에 대한 비난은
결혼 생활을 실패로 이끈다
남 탓 ···························· 174

07 배우자가 좋아하는 것에
관심을 기울이고 칭찬한다
애착 ······························ 176

08 배우자에게 감사의 표현을
주저하면 안 된다
찬사와 감사 ······················ 178

09 행복한 관계를 유지하려면
일상의 작은 배려가 중요하다
일상의 마음 씀씀이 ············· 180

10 직장에서처럼 가족에게도
예의를 지킨다
가정을 위한 노력 ················ 182

11 성에 관한 의식 차이가
부부 갈등을 유발한다
성적 불일치 ····················· 184

카네기 칼럼 ⑤
부모님이 가르쳐 준
카네기의 '고민 극복 기술' ········· 186

마치며 ······························ 188
주요 참고문헌 ······················ 190

소통의 기술

1

Chapter

DALE CARNEGIE
VISUAL NOTES

사람들과 잘 지내려면 어떻게 해야 할까? 카네기는 상대방을 절대 비판하지 말고,
내가 상대방을 인정하고 있음을 행동으로 보여주는 것이 중요하다고 말한다.
어떤 사람과도 좋은 관계를 맺을 수 있는 《인간관계론》의 핵심을 배워보자.

01 상대방의 자존심을 지켜주어야, 협력을 끌어낼 수 있다

타인의 협력을 얻고 싶다면 상대의 자존심을 지켜주는 것이 중요하다.
그럼 그들은 기꺼이 협력해 줄 것이다.

상대방으로부터 반감을 사는 말과 행동으로 관계를 파괴하면서 상대방의 협력을 얻어낼 수 있을까? 그럴 리 없다. 카네기는 "꿀을 얻고 싶다면 벌집을 걷어차지 말라."고 말한다. 벌집을 걷어차면 벌들로부터 반격을 당할 것이 불 보듯 뻔하다. 꿀벌들의 협력을 얻고 싶다면 좀 더 부드러운 방법을 사용해야 한다는 의미이다.

벌집(=자존심)을 걷어차지 말라

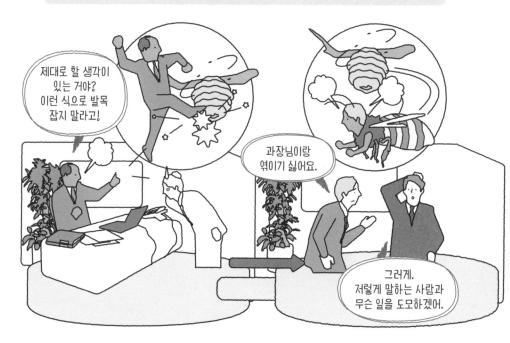

벌통을 걷어차면 꿀을 얻기는커녕 벌들의 분노를 사게 된다.
아랫사람을 대하는 방식도 마찬가지이다.

직장에서 아랫사람의 자존심에 상처를 입히고, 무조건적인 복종을 강요하는 사람들이 더러 있다. 이는 벌집을 걷어차는 언행을 일상에서 아무렇게나 하는 것과 같다. 그러면서 자기 말에 사람들이 순순히 귀 기울이고, 자기와 같은 방향을 향하기를 바라서는 안 된다. 협조를 얻고 싶다면, 내가 먼저 상대방의 자존심을 지켜주기 위해 노력하는 것이 중요하다.

협력을 원한다면, 상대방의 자존심을 세워주기 위해 노력하라

아랫사람이 성과를 내면 그 즉시 제대로 칭찬한다. 그로 인해 자존감이 높아진 직원은 팀의 전력을 높이는 인재가 될 수 있다.

윗사람이 아랫사람의 실력을 비판하고, 실수를 비난하면 따르기 어렵다. 반감이 생긴 아랫사람은 팀의 발목을 잡는 존재로 변할 수 있다.

02

내가 아닌, 상대방의 관점에서 이해한다

먼저 상대방을 이해하는 것이 가장 중요하다. 타인의 관점에서 생각할 수 있는 사람은 상황을 유리하게 발전시킬 수 있다.

"성공의 비결이 있다면, 그것은 상대방을 이해하고, 나의 관점이 아닌 상대방의 관점에서 상황을 보는 것이다." 이는 카네기가 주목한 기업가 헨리 포드의 격언이다. 하지만, 대다수는 이를 알면서도 실천하지 않는 것이 현실이다. 이 상황을 역으로 해석하면, 자기 이익을 우선으로 추구하는 사람들이 많은 세상에서는 이타심을 갖는 것만으로도 경쟁 우위가 될 수 있다는 의미이다.

상대방에게 이익이 되는 것을 제공하라

제품을 팔 때도 팔고 싶은 마음을 우선시하지 말고, 고객 관점에서 생각하는 것이 중요하다. 고객이 처한 문제를 해결하고 고객에게 이익이 돌아가는 관점으로 생각하면, 반드시 고객의 관심을 얻을 수 있다.

비판은 누구나 할 수 있다. 용납하기 힘든 부분을 용서하려면, 상상력과 자제력이 어느 정도는 필요하지만, 상대방의 감정을 이해하려고 노력해야 한다. 예를 들어, 아랫사람이 실수했다면, 왜 그랬는지 곰곰이 생각해 보자. 아랫사람에 대한 이해가 깊으면 깊을수록 궁극적으로 나에게 돌아오는 이득은 더 커진다. 약간의 관대함이 단순한 비판보다 훨씬 더 큰 성과를 가져온다.

비판보다 관용이 사람을 키운다

훈계하고 싶은 유혹을 억누르고 아랫사람의 입장에서 생각해 보자. 잘못을 꾸짖는 것에만 주목하면, 상대방을 위축시키고 불필요한 반발만 불러일으킬 뿐이다.

신규 계약을 땄습니다~!

그때, 이성을 잃지 않아서 다행이네….

훈계보다 왜 그랬는지 원인을 생각하는 것이 훨씬 중요하다. 상대의 입장과 상황을 먼저 이해해야 성장을 지원할 수 있다.

03 상대방의 감정과 욕구를 이해한다

사람을 움직이려면 지위고하를 막론하고 자존심을 세워주는 것이 중요하다.

논리적으로 빈틈없는 말도 상대방이 공감하지 못하면 아무 의미가 없다. 인간은 논리적으로 사고할 수는 있지만, 감정의 동물이라는 점을 명심하자. 내가 할 수 있는 최악의 일은 누군가의 자존심을 상하게 하는 것이다. 해고하겠다는 협박으로 복종을 강요하는 것은 상대방을 기가 막히게 해서 할 말을 잃게 하는 가혹한 언행이다. 상대방의 감정을 헤아리지 않는 방식은 그 무엇이 되었든, 결국 바람직하지 않은 결과를 초래할 뿐이다.

자존심을 상하게 하면 보복이 따른다

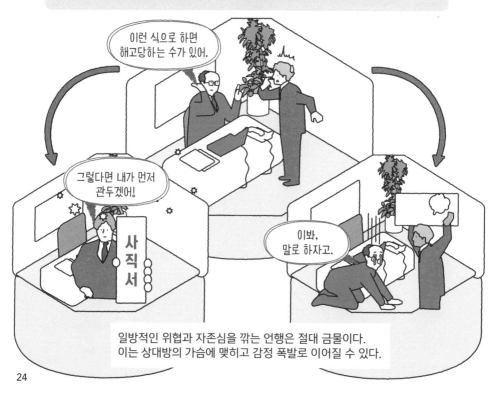

일방적인 위협과 자존심을 깎는 언행은 절대 금물이다.
이는 상대방의 가슴에 맺히고 감정 폭발로 이어질 수 있다.

타인의 의욕을 불러일으키는 효과적인 방법은 단 하나뿐이다. 본인 스스로 그렇게 하기를 원하도록 유도하는 것이다. 인간은 원하는 것이 주어지면 순순히 행동한다. 철학자, 심리학자이자 교육학자인 존 듀이는 "인간의 가장 강한 충동은 중요한 인물이 되고 싶은 욕구이다."라고 말한다. 카네기는 이에 주목했다. 중요한 인물로 대접받고 싶은 인간 공통의 욕구를 자극하는 것이 사람을 움직이는 비결이다.

욕구를 충족시켜주면 스스로 행한다

축하합니다

누구나 중요한 인물로 대접받고 싶어 한다.

인간은 욕구가 충족될 때, 자발적으로 행동한다. 아랫사람의 마음을 헤아리고 편안하게 해 주는 것은 윗사람의 필수 역량 중 하나이다.

04 토론 상대를 이기려고 애쓰지 않는다

상대방을 이기는 것을 토론의 목적으로 삼으면, 설령 이겨도 인심을
잃게 된다.

직장에서 업무를 원활하게 진행하려면, 토론을 통해 의견의 균형을 맞출
필요가 있다. 설령 상대측의 주장에서 오류를 발견했어도, 이를 과도하게
지적하는 것은 바람직하지 못하다. 상대방이 자신의 오류를 인정하도록 반
박하고 몰아붙이는 것은 더욱 옳지 않다. 인간은 감정적인 동물이다. 논쟁
에서 진 사람은 겉으로는 잘못을 인정하는 듯해도 속으로는 감정이 크게
상하고 불만이 쌓인다.

패배한 상대는 마음에 불만을 쌓는다

논쟁에서 지면 겉으로는 자신의 실수를 인정해도, 마음속에는 강한 불만이 쌓이게 된다.

인간은 사고는 논리적으로 해도, 행동은 감정적으로 하기 마련이다. 만약 내가 토론에서 상대방의 잘못을 지적하여 승리했다고 가정하자. 그 당시에는 우월감을 느낄 것이다. 반면에 패배한 상대방은 자존심이 상할 것이고, 순순히 인정하는 마음보다 미워하는 마음을 품게 될 것이다. 그런 상대로부터 선의를 기대하기는 어렵다. 논쟁에서 이긴다 해도 인심을 잃으면 본전도 챙기지 못하는 것과 같다.

자존심을 상하게 하면 인심을 잃는다

아랫사람으로서 윗사람 앞에서는 자기 잘못을 순순히 인정하는 듯해도, 마음속에는 깊은 상처가 남는다.

한 사람의 인심을 잃으면, 부정적 평가가 직장 전체로 서서히 퍼지게 된다.

내 자존심은 바닥으로 떨어졌어….

그 사람이랑은 더 이상 엮이지 않겠어!

과장님이 그렇게 억지스러운 사람이었어?

오! 열심히 하는군.

대충대충 하고 있는데~.

겉으로는 순순히 협력하는 것처럼 보여도, 진심은 억지로 따르는 것일 수 있다.

05 신랄한 언어 사용은 원망을 부른다

욕설이나 신랄한 말은 상대방의 원한만 살 뿐 생산적이지 못하다.
현명한 사람은 타인의 장점을 보고 평가한다.

아무리 옳은 말이라도 상대방을 비판하는 언어 습관은 좋지 않다. 누구나
자존심이 있고 상처받는 것을 싫어한다. 비판받았던 기억은 쉽게 잊히지 않는
법이다. 누군가로부터 몇 년 동안, 어쩌면 평생 미움받을 각오가 되어 있지 않
다면 신랄한 비판은 삼가는 편이 낫다.

비난받은 기억은 잊히지 않는다

욕설과 비난을 듣고 자존심이 상했던 기억은 절대 잊히지 않는다.

미련한 사람은 남을 깎아내리고 헐뜯기 좋아한다. 미국 독립에 큰 공을 세운 외교관이자 기상학자인 벤저민 프랭클린은 젊은 시절에 융통성이 부족하고 고지식한 성격 때문에 입지를 넓히지 못했다. 점차 나이가 들면서 그 누구도 비난하지 않았고, 상대방의 장점을 꼭 집어서 적극적으로 칭찬하는 비결을 터득했다. 그 덕에 서서히 활동 영역을 넓힐 수 있었다.

사람들의 마음을 얻고 싶다면 장점을 칭찬하라!

타인에 대해 습관적으로
험담을 늘어놓다 보면,

인심을 잃으면서 점차 고립되고
결국 활동 영역이 좁아진다.

다른 사람의 장점을 꼭 집어서
적극적으로 칭찬하다 보면,

자연스럽게 주변에 사람들이 모이고
활동 영역도 넓어진다.

06 타인을 비난해서 얻어지는 것은 없다

모든 인간은 완벽하지 않다. 그런데도 타인의 흠을 잡고 탓하는 것은
생산적이지 못하다.

카네기는 상대방을 탓하지 않고 이해하려고 노력하는 태도를 강조했다.
남의 허물을 찾고 심판함으로써 나에게 돌아오는 이익이 무엇이겠는가?
시인 새뮤얼 존슨은 "신조차도 세상에 종말이 오기 전까지는 인간을 심판
하지 않을 것이다."라고 말했다. 신조차 그러하니 인간이 인간을 심판하는
것은 옳지 않다. 카네기도 이 생각에 동의했다.

남을 비난하는 것은 무의미하다

아랫사람의 허물을 비난하면 결국 돌아오는 것은 정색, 반발, 무반응이다.
이는 나에게 아무런 이득도 되지 않는다.

완벽한 인간은 없다. 그 누구라도 흠을 찾자면 얼마든지 나오기 마련이다. 그런데도, 자녀의 사소한 실수를 꾸짖는 부모, 상대를 탓하는 배우자나 연인, 아랫사람을 질책하는 윗사람들이 줄을 잇는다. 결과적으로 비난받은 상대의 마음에 반항의 싹을 키울 뿐, 아무런 결실도 보지 못한다. 다른 사람을 비난하는 것은 비생산적이다. 상대방을 비난하는 데 쓸 에너지를 이해하는 데 쓰려고 노력해 보자.

독일 군대의 불평불만 대책

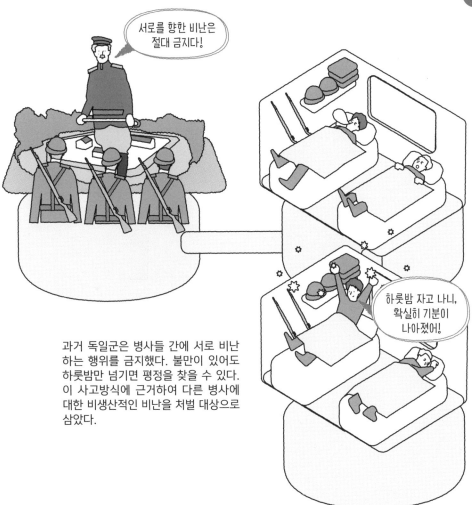

과거 독일군은 병사들 간에 서로 비난하는 행위를 금지했다. 불만이 있어도 하룻밤만 넘기면 평정을 찾을 수 있다. 이 사고방식에 근거하여 다른 병사에 대한 비생산적인 비난을 처벌 대상으로 삼았다.

07 자신이 악하다고 생각하는 사람은 없다

평화주의자만 자신은 악하지 않다고 생각하는 것이 아니다. 흉악범도 자신은 악인이 아니라고 생각한다.

모든 사람은 자신이 악하지 않다고 생각한다. 지금 가슴에 손을 얹고 생각해보자. 분명 나도 그럴 것이다. 그런데 범죄자들도 그렇게 생각할까? 흉악범조차도 자신의 마음은 선과 정의의 편이라고 답한다. 카네기는 이에 관해서 교도소 소장과 대화를 나누었다. 교도소 소장은 범죄자 중에서 자신을 악인이라고 생각하는 사람은 놀랍게도 거의 없다고 말했다.

범죄자도 자신은 악인이 아니라고 생각한다

자신이 악인이라고 생각하는 사람은 O, 악인이 아니라고 생각하는 사람은 X를 들어 주세요.

경범죄는 물론이고, 특수폭행이나 살인 등 중범죄를 저지른 자에 이르기까지 범죄자들은 하나같이 "그 상황에서는 그렇게 할 수밖에 없었다."고 변명한다. 그들은 갖가지 근거를 대며, 자기 행동을 정당화한다. 범죄자도 그러하니, 일반인들은 말할 것도 없다. 내가 심판받기를 원하지 않는 것처럼 그 누구도 심판받기를 원하지 않는다. 그렇기 때문에 누구나 자신은 절대로 나쁜 사람이 아니라고 생각한다.

심판받고 싶지 않기 때문에 자신의 행동을 정당화한다

'도둑질하다 들켜도 변명한다(아무리 큰 잘못을 저지른 사람이라도 변명과 이유를 붙일 수 있다)'는 속담이 있다. 범죄자는 납득할 만한 이유가 전혀 없음에도 자신이 저지른 범죄 행위를 정당화하려고 한다. 하물며 일반인이 자신이 나쁘다고 인정하고 싶지 않은 것은 그리 놀라운 일도 아니다.

08

타인의 단점을 비난하기 전에, 자신의 단점을 먼저 고친다

타인의 결점을 비난하는 것은 아무 의미도 없다. 나의 결점을 찾아서 고치는 것이 훨씬 이롭다.

그 누구도 비난받기를 원하지 않는다. 다른 사람으로부터 부족한 점과 잘못을 지적받으면, 자기는 그렇지 않다고 부정하며 어떻게든 벗어나려고 하는 것이 당연하다. 그러니 타인을 군이 비난하는 것이 무슨 의미가 있겠는가? 게다가 상대를 비난하면, "사돈 남 말 한다!", "그러는 너는 얼마나 떳떳하냐?"라는 맞비난이 돌아오기 마련이다. 그런 논쟁은 결론이 안 나고 소모적일 뿐이다. 타인의 결점을 비난하는 것은 쓸데없는 일이다.

비난은 맞비난을 유발하고 결론이 나지 않는다

영업을 제대로 안 하니까 거래처가 줄고 있잖아.

그건 제품 기획이 엉망이니까 그런 건데, 왜 남 탓이야!

비난은 맞비난을 유발할 뿐 결론이 나지 않는다.

타인의 결점을 탓하기보다는 나의 단점을 보완하는 것이 훨씬 중요하다. 그편이 인생을 긍정적이고 생산적으로 이끄는 길이다. 다른 사람의 결점을 지적하면 반감을 사기 쉽지만, 나의 결점을 스스로 지적하고 보완하는 것에는 반감이 따르지 않는다. '제 얼굴 더러운 줄 모르고 거울만 나무란다'는 속담이 있다. 남을 탓하기 전에, 나 자신부터 바로잡아 가자.

타인보다 먼저 자신을 바로잡아라

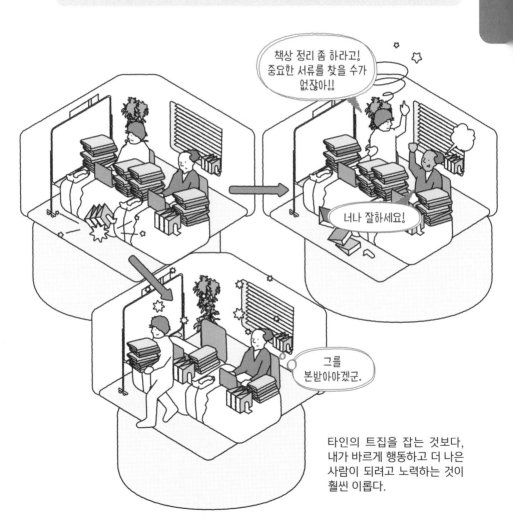

타인의 트집을 잡는 것보다, 내가 바르게 행동하고 더 나은 사람이 되려고 노력하는 것이 훨씬 이롭다.

09 상대방의 자존심을 세워주어야 마음을 얻을 수 있다

누구나 칭찬을 좋아하고 자존심을 세우고 싶어 한다.
그 욕구에 부응하면 마음을 얻을 수 있다.

링컨은 "사람은 누구나 칭찬받기를 매우 좋아한다."고 말했다. 카네기가 자존심을 중요하게 생각하는 이유도 같은 맥락이다. 인간은 8가지 유형의 욕구를 가지고 있다. 식욕, 성욕, 수면욕의 3대 욕구와 더불어, 금전욕, 건강욕, 내세의 행복, 자녀의 행복, 그리고 자존심이다. 이 중 충족감을 맛볼 가능성이 가장 낮은 욕구가 자존심이다. 쉽게 말해서, 자존심이란 중요한 존재로 대접받고 싶은 마음을 말한다.

인간의 8가지 욕구

인간은 늘 자존심이 충족되지 않는다고 느낀다.

자존심 충족 욕구는 동물에게서는 찾을 수 없는 인간 특유의 욕구이다. 인간만이 노력을 통해 성과를 내고 주변 사람들로부터 인정받기를 원한다. 그리고 자신을 중요한 존재로 대우해 주길 바란다. 자존심을 세우고 싶은 사람은 늘 칭찬에 목말라 있다. 그 갈증을 채워줄 수 있으면 그의 마음을 사로잡을 수 있다.

링컨, 실수에서 배우다

미국의 16대 대통령 에이브러햄 링컨은 젊은 시절, 정치인 제임스 실즈를 조롱하는 글을 신문에 기고했다. 이에 분노한 실즈는 링컨에게 목숨을 건 결투를 신청하기에 이른다.

타인의 자존심을 깎는 행동을 절대 하면 안 된다는 큰 교훈을 배우게 된 링컨은 이후, 다른 사람이 자신을 향해 악의를 품지 않도록 항상 말과 행동을 조심했고, 그 결과 대통령의 위치까지 올랐다.

실즈의 자존심을 상하게 하여 결투 소동까지 일으킨 후, 링컨은 다시는 다른 사람을 조롱하지 않기로 결심했다.

10

질책이 아닌, 칭찬으로
의욕을 북돋아 준다

부정적인 말을 듣고 진심으로 따르는 사람은 없다. 누군가에게 의욕을
북돋아 주고 싶다면 그 어떤 말보다 칭찬을 먼저 하라.

이유를 막론하고, 부정적인 말은 듣는 이의 의욕을 꺾는다. 자신이 깎아
내려지는데도 기분이 좋을 사람이 과연 있을까? 잔소리를 듣고 기뻐하는
사람, 질책에도 진심으로 미소 짓는 사람이 있을까? 아랫사람에게 동기를
부여하고 싶다면 칭찬부터 해야 한다. 장점을 명확히 집어주면서 의욕을
북돋아야 긍정적인 태도로 업무에 몰입하게 된다.

부정적인 말은 상대의 의욕을 꺾는다

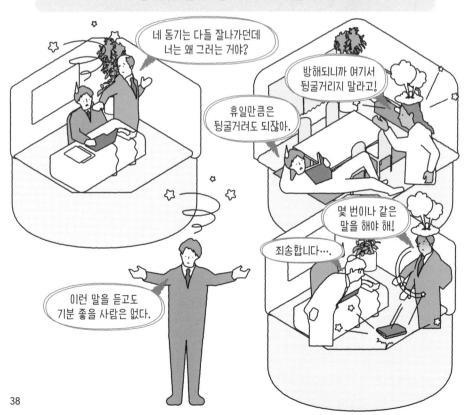

아랫사람을 꾸짖고, 위협하여 억지로 하게 만들 수는 있다. 대신 반감을 사게 될 것임은 의심의 여지가 없다. 게다가 '마지못해서 한 일'의 결과가 좋을 리 없고, 설령 그 당시에는 좋았다고 해도 지속성을 기대할 수 없다. 다른 사람에게 동기를 부여하고 싶다면, '상대방이 자발적으로 하고 싶은 마음이 들게 하는 방법은 무엇일까?'를 궁리해야 한다. 그 해답은 질책과 지적이 아닌 칭찬이다.

질책보다 칭찬으로 성장을 독려한다

긍정적인 말로 아랫사람을 격려하고 성과를 확실하게 칭찬한다. 그것만으로도 상대방은 자신감이 솟구치고 새로운 성장을 보여줄 것이다.

11 상대방을 나무라지 말고, 칭찬으로 자신감을 북돋아 준다

대부호 록펠러와 흥행왕 지그펠드를 비롯해 성공한 사람들 대부분은
칭찬에 능했다.

카네기는 칭찬에 매우 능숙했던 두 명의 거물에게 주목했다. 한 사람은
가난했던 출생 환경을 극복하고 성공한 백만장자 사업가가 된 존 록펠러
이다. 그는 결코 아첨하지 않았고, 다른 사람을 진심으로 칭찬하는 사람이
었다. 공동경영자가 자금의 40%를 손실 냈을 때도 비난하지 않고, 오히려
60%를 회수한 것을 칭찬했다.

록펠러에게 배우는 아랫사람 칭찬법

자금의 40%를 잃은 공동경영자를 탓하지 않고 60%를 회수한 것을 칭찬한
록펠러에게서 배워보자. 아랫사람이 실패하더라도 칭찬할 점을 먼저 찾고,
정정할 부분은 사후 조치를 모색하여 실행하면 된다.

또 다른 사람은 브로드웨이 박스오피스의 거물 플로렌즈 지그펠드이다. 수많은 배우, 댄서들을 스타덤에 올려놓은 전설적 인물이다. 그가 채택한 배우 육성 방식은 칭찬이었다. 배우와 댄서들은 지그펠드로부터 감탄과 칭찬을 들으면서 점차 자신의 매력을 깨닫게 되었다. 그는 공연 첫날, 주연 배우에게 전보를 보내고 합창단 전원에게 장미 꽃다발을 보내는 등 사람들을 치켜세워주는 데 천재적이었다.

지그펠드에게 배우는 아랫사람 칭찬법

지그펠드는 칭찬으로 상대방의 의욕을 자극하고 잠재된 재능을 발현시켰다.
그의 방식을 아랫사람의 육성에 참고해 보자.

12 철강왕의 성공 비결은 칭찬이었다

가난한 이민자로 시작하여 미국 제2의 대부호가 된 철강왕의 성공
비결은 언제나, 어디서나, 누구든지 칭찬하는 것이었다.

철강왕 앤드루 카네기는 존 록펠러를 이어 미국 역사상 두 번째 대부호
가 되었다. 영화 같은 성공 스토리의 비결은 언제나, 어디에서나, 누구든지
칭찬하는 것이었다. 공개적으로든 일대일로든 앤드루 카네기는 항상 다른
사람을 칭찬했다.

공개적으로든 일대일로든 칭찬한다

> 자네는 정말 멋지고
> 훌륭한 남자일세.

> 항상 자네가
> 애써줘서 고마워.

칭찬받으면 누구나 기분이 좋아지는 법이다. '장소나 상황에 구애받지 않고,
언제 어디서나 칭찬한다', 이것이 앤드루 카네기의 가장 큰 성공 비결이었다.

부모가 자녀의 체력을 키워주기 위해 매일 제대로 된 식사를 챙겨주는 것은 당연하다. 그런데 자녀의 기운을 북돋아 주기 위해 진심 어린 칭찬을 챙기는 것도 빠트리지 않고 있을까? 안타깝게도 많은 부모가 이를 간과하고 있는 것이 현실이다. 몸이 영양소를 갈망하듯, 마음은 자존심을 채우기 위해 칭찬을 갈망한다. 자녀의 식사를 챙기듯이 진심 어린 칭찬도 거르지 말고 꼭 챙겨야 한다.

칭찬은 마음을 건강하게 키우는 영양분이다

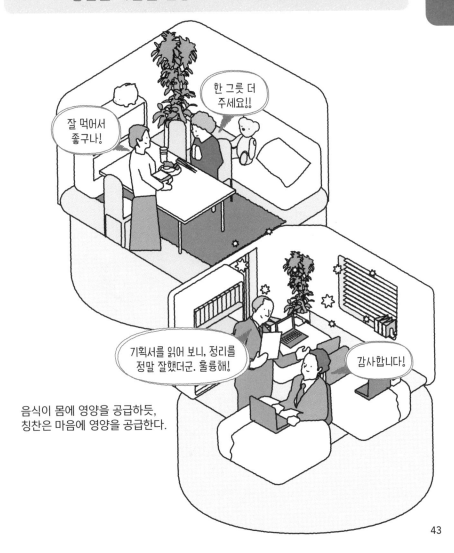

음식이 몸에 영양을 공급하듯,
칭찬은 마음에 영양을 공급한다.

13 칭찬받은 기억은 사라지지 않는다

모든 사람은 비난보다는 칭찬을 원한다. 진심 어린 말로 자신을
칭찬해준 사람은 절대 잊히지 않는 법이다.

철학자 랠프 월도 에머슨은 "그 누구든 나보다 뛰어난 면을 가지고 있기
때문에 누구에게나 배울 점은 반드시 있다."고 말했다. 모든 사람은 자신
만의 매력을 가지고 있다. 그러니 그것을 찾아 진심으로 칭찬 하자. 사업가
찰스 슈와브는 "아무리 지위가 높은 사람도 비판받을 때보다 칭찬받을 때
훨씬 더 일을 잘한다."고 강조했다.

누구에게나 칭찬받을만한 매력이 있다

리더는 직원들의 장점과 개성을 민감하게 관찰하고 적극적으로 칭찬해야 한다.

사람은 누구나 자기 일에 더 주목하기 마련이고, 자신의 공적과 소망에 대한 바람에서 벗어날 수 없다. 자신을 향한 시선을 돌려서 상대의 장점을 찾고, 진심 어린 말로 칭찬하자. 칭찬한 사람은 잊어도, 칭찬받은 사람은 잊지 않고 오랫동안 좋은 감정을 품을 것이다. 칭찬을 아끼지 말자.

진심 어린 칭찬에는 호의가 따른다

누구에게나 장점은 있다. 상대방의 장점을 찾아 진심으로 칭찬하면, 상대방은 오랫동안 나에게 호의를 품을 것이다.

14 거짓 칭찬은 결국 신뢰를 잃게 된다

아첨과 공치사는 경박하며 진실하지 못하다. 머지않아 속셈을 간파당하고 신뢰를 잃는 결과를 초래한다. 마음에서 우러나오는 칭찬을 하자.

환심을 사려고 빈말로 칭찬을 남발하는 것은 그 의도가 투명하게 보이기 때문에, 상대방은 이내 속셈을 감지하고 불신하기 마련이다. 물론 예외도 있다. 인정받고 싶은 욕구가 강하여 윗사람의 말 한마디에 일희일비하는 사람이라면, 윗사람의 공치사에 기뻐할 수도 있다. 그러니 더욱 옳지 않다. 경박한 말로 사람의 마음을 조종하는 행위는 최악이다. 마음에서 우러나온 칭찬으로 아랫사람의 성장을 도와야 한다.

경박한 말로 사람의 마음을 조종하지 말라

배가 고프면 음식을 가리지 않듯이, 인정 욕구가 강하면 아첨과 공치사도 호의로 받아들인다. 그 마음을 악용하는 행위는 최악이다. 경박한 말로 타인의 마음을 조종해서는 안 된다.

때에 따라서는 효과가 있어도, 아첨, 아부, 공치사 등은 삼가는 것이 현명하다. 마음에서 우러나온 진실한 칭찬은 절대로 부정직한 아첨과 견줄 수 없다. 이타적이고 진심 어린 칭찬은 누구에게나 환영받지만, 이기적이고 말뿐인 아첨은 미움을 받는다. 그 즉시에는 통하는 듯해도 결국 상대방은 속내를 꿰뚫어 볼 것이다. 그럼, 한순간에 신뢰를 잃게 된다.

진심이 없는 칭찬을 남발하면 신뢰를 잃는다

마음에도 없는 말만 늘어놓는 사람은 결국 말뿐인 사람으로
낙인찍히고 불신감만 키우게 된다.

15 상대방의 소망을 실현하는 방법을 보여주면 협력을 구할 수 있다

누구나 자신의 소망을 이루고 싶어 한다. 상대방의 소망을 실현하는 방법을 보여주면 협력을 얻는 데 추진력이 생긴다.

사람들이 협력하기를 원한다면, 그들의 소망에 관해 이야기하자. 사람은 누구나 소망을 실현하고 싶어 하므로, 자신이 원하는 바를 이루는 방법에 대해 항상 관심이 높다. 그러나 아랫사람이 일에 야망을 품고 있다고 해서, 나의 소망을 함께 얹어서 강요하면 안 된다. 아랫사람이 가슴에 품고 있는 소망을 이룰 수 있도록 이끌어 주는 것이 중요하다. 소망은 사람을 움직이는 최고의 원동력이다.

아랫사람이 소망을 이루는 방향으로 이끈다

윗사람이 자신의 소망을 강요하면
아랫사람은 사기가 떨어진다.

아랫사람의 의사에 귀를 기울이고 그들의 소망을 따르는 형태로 최선의 결과를 이끄는 것이 리더의 기량이다.

소망은 사람을 움직이는 추진력이다. 태어나서 지금까지 우리가 해 온 모든 행위는 소망을 이루기 위함이었다. 자선 단체에 기부하는 것도 마찬가지이다. 다른 사람을 돕고 청량한 기분을 느끼고 싶은 소망이 마음속에 있었고, 행동으로 이어지는 동기가 된 것이다. 카네기도 60대 중반부터는 사업에서 은퇴하고 자선 활동에 여생을 바쳤다.

모든 행위는 자신의 소망을 이루기 위함이다

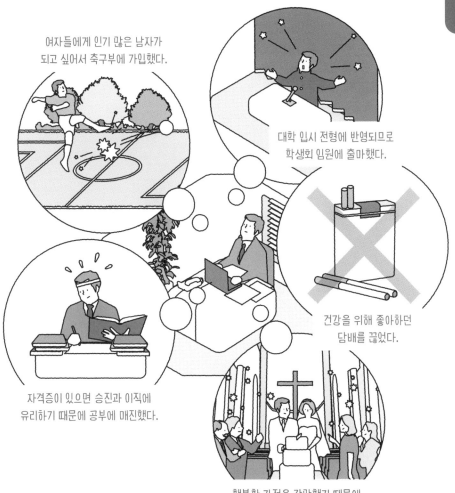

여자들에게 인기 많은 남자가
되고 싶어서 축구부에 가입했다.

대학 입시 전형에 반영되므로
학생회 임원에 출마했다.

건강을 위해 좋아하던
담배를 끊었다.

자격증이 있으면 승진과 이직에
유리하기 때문에 공부에 매진했다.

행복한 가정을 갈망했기 때문에
결혼을 결정했다.

16 타인의 소망을 민감하게 살피고 나의 소망과의 공통점을 파악한다

다른 사람들을 이용하여 나의 소망을 이루려는 시도는 효과가 없다.
다른 사람들이 소망을 이루도록 협력하는 것이 우선이다.

사내 신규 프로젝트 팀이 신설되었다. 농구를 좋아하는 프로젝트 팀장은
새로운 팀원들과의 화합을 위해 "저는 농구를 좋아합니다. 같이 농구 하지
않을래요?"라고 물었다. 그러나 반응은 차가웠다. 그도 그럴 것이, 팀장이
자신의 소망만 말했기 때문이다. 농구를 통해 팀원들과 화합하고 싶다면,
'스포츠를 통해 즐겁게 체력을 단련하고 싶다'와 같은 팀원들의 개별적인
소망을 헤아려서 접근해야 한다.

나의 소망보다 타인의 소망에 더 민감해야 한다

항상 안테나를 세우고 아랫사람의
소망을 감지하는 것이 중요하다.

누구나 자신의 소망이 이루어지기를 바란다. 사람들에게 동기를 부여하는 열쇠는 그들의 바람을 충족시켜주기 위해 노력하는 것이다. 새로운 팀원들과 농구를 하려면, 친목 도모와 화합을 위해서라고 미리 알리는 것이 좋다. 모두가 서로에 대해 더 알고 싶을 것이기 때문이다. 타인의 소망을 잘 이해하고 협력하는 데 능숙한 사람은 다른 사람을 자신에게 협력하게 만드는 것도 가능하다.

자신의 소망과 타인의 소망을 결합한다

상대가 원치 않는 일을 억지로 강요하면 안 된다.
내 소망과 상대방 소망의 공통점을 파악하고 그것에 접근하는 것이 효과적이다.

카네기에게
배우는
셀프 브랜딩 기술

가난한 농장 출신이었던 카네기가 훗날 '인간관계의 신'으로 칭송받는 위상을 확립할 수 있었던 배경에는 무엇이 있었을까? 카네기는 실력뿐만 아니라 뛰어난 셀프 브랜딩 능력을 소유한 사람이었다.

그의 이름인 카네기의 영문 철자는 원래 'Carnagey'였는데, 'Carnegie'로 변경하였다. 그가 활동을 시작할 무렵, 이미 철강왕으로 유명했던 앤드루 카네기의 철자를 따라 똑같이 바꾼 것이다. 뉴욕 카네기 홀은 앤드루 카네기의 이름을 딴 건축물이다. 데일 카네기는 이미 사람들에게 익숙한 앤드루 카네기의 'Carnegie'로 이름을 바꿈으로써 사람들에게 친숙하게 다가가고 싶었다.

고등학생 시절에, 데일 카네기는 우연히 성인 대상의 교양강좌에 참석했고, 그것이 계기가 되어 화술가의 길을 걷기로 결심한다. 강사의 말솜씨에 감동하여 운명이 바뀐 것이다. 대학을 졸업한 후, 사람들과 대화하는 것을 직업으로 삼기 위해 영업사원으로 취직하여 통신 교재, 식품, 트럭 등을 판매했지만, 정작 자신의 업무에서는 열정을 느끼지 못했고 고뇌의 나날이 계속되었다. 그 끝에 '나는 사람들에게 무언가를 파는 일이 아니라, 무언가를 가르치고 전달하는 일에 열정을 느낀다'는 사실을 깨달았다.

영업사원을 그만둔 카네기는 YMCA에 '화술 강좌'를 개설하였고, 남다른 실력과 열정으로 주목받기 시작했다. 그의 명성은 세상에 빠르게 퍼졌으며, 2년 후에는 데일 카네기 연구소를 설립하게 된다. 그의 인기는 점점 더 높아졌고 전 세계 15개국, 미국 750개 지역에 연구소가 설립되었다. 그의 '화술' 기법은 그렇게 수많은 사람에게 전해졌다.

카네기의 인생에서 중요한 것은 진정으로 열정을 쏟을 수 있는 일을 하고, 이를 다른 사람들에게도 전파하는 것이었다. 카네기는 화술을 가르치는 일에 중심을 두면서 다양한 경험과 경력을 쌓았다.

호감의 기술

DALE CARNEGIE
VISUAL NOTES

관심과 애정을 바라는 마음은 지극히 당연하다. 호감을 얻기 위해서는 태도와 말로 '나는 당신에게 관심이 있다'를 표현하는 것이 중요하다. 카네기는 우리에게 호감 받는 태도를 가르쳐 준다.

01 내가 먼저 상대방에게 관심을 기울인다

모든 사람에게 최대의 관심사는 바로 자기 자신이다.
다른 사람의 관심을 받고 싶다면 내가 먼저 상대에게 관심을 보이자.

단체 사진에서 누구를 먼저 찾을까? 답은 명확하다. 누구라도 최대 관심 대상은 자기 자신이다. 이 원리에 근거하여, 상대방이 나에게 관심 두기를 원한다면 내가 먼저 상대방에게 관심을 보이는 것이 중요하다. 나를 돋보이고 싶은 마음이 우선이면서, 상대방의 관심과 호감을 바라는 것은 현실적이지 못하다.

나를 돋보이게 하는 말부터 시작하지 말라

나를 알리고 싶다면, 상대가 나에게 흥미를 느끼도록 만들어야 한다. 단, 나를 돋보이게 하는 말부터 시작하면 원하는 결과를 절대 얻을 수 없다.

먼저 상대방에게 관심이 있음을 표현한 후에 나에게 흥미를 느끼도록 유도한다. 그때부터 소통이 시작된다.

프로이트, 융과 함께 심리학의 3대 거장으로 꼽히는 알프레드 아들러는 이런 말을 했다. "다른 사람에게 관심 없는 사람은 인생에서 큰 어려움을 겪게 된다. 이런 유형의 사람들 속에서 인생의 패배자가 태어난다." 자기 자신에게만 관심을 집중하지 말고 다른 사람의 문제에 진심으로 관심을 가져보자. 인생의 성공은 양질의 인간관계를 구축한 후에 찾아온다.

성공하고 싶다면 타인에게 관심을 가져라

타인에게 무관심하면…

인생이 쓸쓸해진다.

타인에게 관심을 가지면…

인생이 풍요로워진다.

02 사랑받고 싶다면, 상대방이 무엇을 좋아할지 생각한다

대가를 바라지 않고 진심으로 상대방을 기쁘게 해주려고 노력하면,
상대방도 나에게 호의를 품게 된다.

호감을 얻는 가장 효과적인 방법은 상대방을 기쁘게 해주는 것이다. 단,
자신이 베푼 호의에 대한 대가를 요구하지 않는 것이 중요하다. 영국 원저
공작(에드워드 8세)은 남아메리카 순방을 앞두고, 수개월간 스페인어를 공
부했다. 현지 국민들은 자신들에게 기쁨을 주기 위해 시간과 노력을 들인
원저 공작의 진심에 뜨거운 환호로 화답했다.

진심을 전하려면 사전 준비가 필요하다

아티스트가 해외 공연에서 현지어로 인사하는 이유도
현지 팬들을 기쁘게 해주기 위해서이다.

40여 년간 하버드 대학교 총장을 역임했던 찰스 엘리엇 박사는 자신을 찾는 누구에게나 진실한 태도로 맞이하는 것을 중요시했다. 생활이 어려운 한 학생이 장학금을 의뢰하러 왔을 때는 장학금을 허가했을 뿐만 아니라, 그의 식생활을 걱정하며 조언도 해 주었다. 무엇이 상대방을 기쁘게 하는 일인지 생각하고, 진실한 마음으로 실행에 옮긴다. 그것이 엘리엇 박사의 성공 비결이었다.

상대방에게 기쁨을 주면, 호의가 보답으로 돌아온다

빌헬름 2세의 사례

"세상이 뭐라 해도, 저는 언제나 빌헬름 2세 황제를 존경합니다." 정말 마음을 울리는 편지야.

네가 편지를 보낸 소년이구나. 반갑다.

제1차 세계대전 패전 후, 전 세계인의 미움을 받는 존재가 된 독일 제국 황제 빌헬름 2세는 네덜란드로 망명하였고, 어떤 소년의 편지 한 통을 받는다.

빌헬름 2세는 편지의 주인공을 초대했고, 그 소년은 어머니와 함께 방문했다.

나와 결혼해 주시오.

좋아요!

황후를 먼저 떠나보내고 혼자였던 빌헬름 2세는 마침 미망인이었던 소년의 어머니와 재혼한다.

03 상대방의 이름과 생일을 기억한다

이름을 기억하면 상대방과의 거리가 단번에 좁혀진다. 더 많은 호감을 얻고 싶다면 상대방의 생일을 기억하는 것도 효과적인 방법이다.

루스벨트 대통령의 선거 캠프 참모였던 제임스 팔리는 사람들의 이름을 기억하는 데 탁월한 능력이 있었다. 그는 만난 사람들의 이름, 가족 관계, 직업, 정치적 입장 등의 정보를 메모하고 확실히 외웠다. 카네기가 그에게 물었다. "만 명에 달하는 사람들의 이름을 정확히 기억하는 것이 당신의 성공 비결이죠?" 팔리는 그 질문을 수정하며 이렇게 답했다. "아니요, 저는 오만 명의 이름을 정확히 기억합니다."

다른 사람의 이름을 틀리게 쓰는 것은 최악이다

상대방의 이름을 기억하면, 서로 간의 거리가 좁혀진다. 반면, 이름을 제대로 기억하지 못하거나 틀리게 쓰면, 상대방이 실망할 뿐만 아니라 화를 유발한다는 것을 명심하자.

생일을 기억하는 것도 큰 도움이 된다. 카네기는 친구들의 생일을 기록해 두는 습관이 있었다. 당시는 지금처럼 SNS가 없었으니, 타인의 생일을 알려면 직접 물어봐야 했다. 카네기는 사람들의 생일을 자연스럽게 알아내기 위해 "별자리와 성격이 정말 관계가 있을까요?"라고 묻는 방법을 사용했다. 그리고 사람들의 생일마다 자필로 쓴 생일 축하 카드를 보냈다. 이는 카네기의 평판을 높이는데 상당한 기여를 하였다.

자연스럽게 생일을 알아내는 방법

기대하지 않았던 사람으로부터 생일 축하를 받으면 놀랍고 기쁘다. 그러니, 다른 사람의 생일을 기억하고 축하 메시지를 보내는 것은 큰 의미가 있다.

04 이름을 기억하는 방법을 고안한다

상대방의 이름을 기억하면 나에 대한 호감도가 높아진다. 성공인들은 바쁜 일정에도 사람들의 이름을 외우기 위한 노력을 아끼지 않는다.

루스벨트 대통령은 상대가 누구든 이름을 기억하고 진정성 있게 대하는 것으로 유명했다. 루스벨트가 자동차 회사 크라이슬러의 체임벌린 회장을 백악관에 초청한 적이 있었다. 그는 체임벌린의 이름을 친근하게 부르며 대접했고, 헤어질 무렵에는 체임벌린과 동행한 정비사의 이름도 친근하게 부르며 방문해 줘서 고맙다고 인사했다.

이름이 생각나면 실제로 불러보자

이름을 기억하면 다음에 상대방을 만났을 때, 실제로 입 밖에 내서 불러보는 것이 중요하다.

다른 사람의 이름을 기억하는 나만의 방법을 궁리해 보자. 프랑스 황제 나폴레옹 3세는 만나는 모든 사람의 이름을 기억했다. 원래 기억력이 뛰어나기도 했지만, 그만큼 노력도 기울였다. 이름을 제대로 알아듣지 못하면 반드시 되물었고, 특이하거나 기억하기 어려운 이름은 철자를 어떻게 쓰는지를 물었다. 중요한 사람의 이름은 머릿속에 확실히 각인될 때까지 종이에 쓰면서 외웠다.

특이한 이름은 써서 외운다

거래처 담당자 이름이 뭐였지?

유진아 씨입니다.

유지나 씨?

아니요. 유진아요. 적어 드릴게요.

유진아

아하! 잊어버리지 말아야지.

"매너는 사소한 노력이 쌓여서 만들어진다."는 철학자 에머슨의 명언을 실천하는 차원에서도 기억하기 어려운 이름은 써서 외우도록 하자.

05 미소는 호감을 전달하는 가장 강력한 수단이다

미소는 상대방에 대한 호감을 목청 높여 외치는 것에 버금갈 정도로 강력하다. 보석보다 확실히 사람의 마음을 사로잡는 것은 미소이다.

'말보다 행동이 중요하다(Acts speak louder than words)'라는 영어 속담이 있다. 예를 들어, '나는 당신이 좋습니다. 당신을 만나서 기쁩니다'라는 생각을 전하는 최적의 행위는 미소이다. 사업가 찰스 슈와브는 "나의 미소는 백만 달러의 가치가 있다."고 단언했다. 슈와브의 가장 큰 성공 비결은 언제나 환한 미소를 잃지 않는 것이었다.

호감을 전하고 싶다면 말보다 미소를 지어라

미소는 호감을 표현하는 가장 좋은 방법이다. '어떤 말을 해야 저 사람이 좋아할까?'라고 고민하지 말고, 미소로 마음을 전하는 것부터 시작하자.

화려한 의상에 다이아몬드 반지와 진주 목걸이로 한껏 치장한 여성이 파티에 나타났다. 그런데 얼굴은 매우 불쾌한 표정을 짓고 있다. 파티에 참석한 사람들은 그녀를 보고 어떤 반응을 보일까? 그녀의 표정을 본 사람은 분명 마음이 불편하고 실망감을 느낄 것이다. 다른 사람에게 좋은 인상을 주고 싶다면 가장 먼저 표정에 신경 써야 한다. 미소는 그 어떤 보석보다 귀한 가치를 지닌다.

미소는 그 어떤 보석보다도 가치 있다

좋은 인상을 주고 싶다면 옷차림보다 표정에 신경 써야 한다.
화려한 치장보다 진심 어린 미소가 상대방을 매료시키는 데 훨씬 유용하다.

06

미소를 습관화하면
행복과 성공이 따라온다

미소의 효과는 절대적이다. 가정과 일터에서 환한 미소로 사람들을
대하면 행복이 절로 따라온다.

미소에는 행복과 성공을 끌어당기는 힘이 있다는 것을 증명하는 사례가
있다. 한 증권 중개인이 카네기의 강좌를 수강하고 있었다. 그는 결혼한 지
18년이 넘도록 집을 나설 때, 아내에게 한 번도 미소를 보인 적이 없었다.
그랬던 그가 카네기의 조언에 따라, 미소 짓기 위해 노력했더니 가정 분위
기가 점차 화목해지는 것을 실감하게 된다. 그리고 직장과 업무 외적으로
만나는 모든 사람에게 미소로 응대한 결과, 업무 성과도 크게 높아졌다.

언제 어디서나 미소를 잃지 말자

여보, 잘 잤어?

별일이네, 웃으며 인사를 다 하고… 어쨌든 기분 좋네.

안녕하세요?

안녕하세요? 출근하시나 보네요.

그럼 좋은 소식 기다리고 있겠습니다.

항상 고생이 많아요. 여기 아침.

축구 경기 이벤트 티켓 드릴게요. 직관해 보세요!

전에 주신 제안 진행해 보시죠.

가정에서도 미소   거리에서도 미소   직장에서도 미소

어느 날 카네기에게 한 통의 편지가 도착했다. 보낸 이는 치열한 경쟁의 나날을 살고 있는 영업사원이었다. 그는 평소에 주변 사람들로부터 인상이 차갑다는 평가를 받아왔는데, 강좌를 수강하고 미소 짓는 습관을 들이면서 실제로는 자신이 따뜻한 사람임을 깨닫게 되었다는 내용이 쓰여 있었다. 그리고 다른 사람의 장점을 발견하면 그 즉시 칭찬하고, 다른 의견을 가진 사람도 이해하려고 노력하면서 소중한 우정과 행복을 얻게 되었다고 한다.

미소와 칭찬은 행복의 지름길

직장 동료, 경쟁자, 가족, 지인 모두에게 적극적으로 미소를 지어보자. 그리고 상대방의 장점을 찾아 칭찬한다. 그러다 보면, 사람들이 품고 있었던 나에 대한 이미지도 긍정적으로 변화할 것이다.

인상이 차갑다는 말을 듣는 편이니까, 의식적으로라도 미소 짓도록 노력해야지.

미소의 효과는 절대적이다. 행복은 가정과 일터에서 내가 사람들을 향해 짓는 미소를 타고 온다.

늘 협조해 주셔서 감사합니다. 이번에도 잘 부탁드립니다.

와우, 나이스 슛!

이번에도 잘 해줬어. 의지가 되는군.

의식적으로 미소를 짓다 보면 인간관계와 업무 환경이 모두 평안해질 것이다.

07

가짜 미소는 오히려
상대방을 불쾌하게 만든다

아무리 미소가 성공의 비결이라지만, 마음에도 없는 가짜 미소는
상대방을 불편하게 할 뿐이다. 사람의 눈은 쉽게 속일 수 없다.

인간의 눈을 과소평가하면 안 된다. 진정성이 결여된 행동은 곧 상대방에게 간파당하기 마련이다. 미소가 성공의 필수 요소이긴 하지만, 진심이 없는 가짜 미소는 역효과를 낼 뿐이다. 상대방의 마음에 닿기는커녕, 오히려 불쾌감을 유발할 수 있다는 점을 명심하자. 기업의 채용 담당자는 가짜 미소를 짓는 고학력 지원자보다, 학력이 높지 않아도 매력적인 미소를 짓는 지원자를 선택할 가능성이 더 크다.

가짜 미소는 간파당할 위험성이 있다

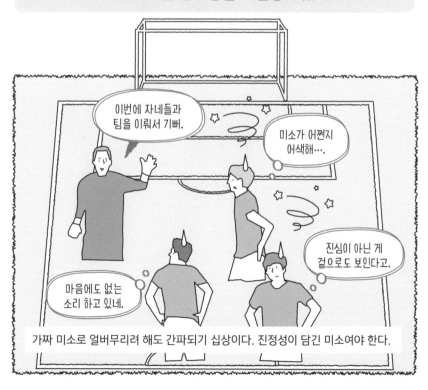

가짜 미소로 얼버무리려 해도 간파되기 십상이다. 진정성이 담긴 미소여야 한다.

다만, 가짜 미소가 무조건 나쁜 것은 아니다. 미소가 성공의 지름길임을 알고 있어도 웃는 표정이 습관화 되어 있지 않다면, 억지로라도 미소를 지어보자. 심리학자인 윌리엄 제임스의 말에 따르면, "행위와 감정은 동시에 생겨나기 때문에 행위를 컨트롤하여 감정을 조절하는 것이 가능하다."

억지로라도 미소 지으면 기분도 덩달아 좋아진다

'웃으면 복이 온다'는 말도 있듯이, 의식적으로
미소를 지으면, 기분도 덩달아 좋아진다.

08 미소 덕에 큰 성공을 거둔 사례

미소에서 비롯된 성공 사례는 수없이 많다. 비즈니스 세계에서 미소는 고객의 마음에 스며드는 효과적인 수단이다.

미소로 성공을 거둔 사람 중에서 카네기도 높이 평가한 프랭크 베트거의 사례를 살펴보자. 메이저리그 선수였던 베트거는 예기치 못한 부상으로 야구계에서 은퇴했고, 보험 세일즈맨으로 전직하여 최고의 자리까지 오른 인물이다. 미소 짓는 사람은 항상 환영받는다는 사실을 깨달은 그는 거래처를 방문할 때마다, 잠시 입구에 서서 감사해야 할 것들을 떠올리고는 진심 어린 미소를 지으며 들어갔다. 이는 베트거의 성공 비결이 되었다.

거래처를 방문할 때, 미소를 잊지 않는다

즐거웠던 추억, 사랑하는 사람의 얼굴 등을 떠올리며 즉석 미소를 만든다.
인간은 기억만으로도 진심 어린 미소를 지을 수 있다.

'미소는 밑천을 들이지 않아도 큰 혜택을 가져다줍니다', '미소는 서로의 마음을 풍요롭게 합니다', 어느 카피라이터가 생각해 낸 백화점 광고의 일부이다. 마지막은 '혹시 지쳐서 미소 짓지 못하는 영업사원이 있다면 고객님의 상냥한 미소를 보여주세요'로 마무리된다.

미소는 영업의 시작이자 핵심이다

미소는 돈이 들지 않는다.

미소를 주고받으면 서로의
마음이 풍요로워진다.

미소는 가정에 행복을
가져다준다.

내가 웃는 이유는 진심을
보여주기 위해서이다.

상냥한 미소는 우울한
사람에게 용기를 준다.

영업 관련 종사자에게 있어서는 미소도 중요한 상품이다.

09 이름에 대한 애착을 이용하여 경쟁자를 내 편으로 만들다

사람들은 이름에 애착을 가지고 있으며 소중히 여긴다. 철강왕 앤드루 카네기는 상대를 자기편으로 만들 때, 이 심리를 능숙하게 사용했다.

철강왕 앤드루 카네기는 사실 철강이 어떻게 만들어지는지 제조 방법에 관해 거의 알지 못했다. 대신 철강에 관해 잘 아는 수백 명의 직원을 고용했다. 그는 지식에 의존하지 않고도 강력한 리더십을 발휘할 수 있는 사업가였다. 앤드루 카네기는 사람들이 자신의 이름을 매우 소중히 여긴다는 사실을 10살 무렵에 깨달았다. 이 깨달음은 훗날 그에게 큰 성공을 안겨주게 된다.

앤드루 카네기 vs 조지 풀먼

풀먼이 입찰가를 또 낮췄어.

앤드루 카네기는 유니온 퍼시픽 철도회사의 침대차 수주를 둘러싸고 조지 풀먼과 치열한 경쟁을 벌이고 있었다.

이래서는 수익이 나지 않아.

둘의 싸움은 수익성을 무시한 가격 인하 경쟁으로 치달았다.

사업가로 성공한 앤드루 카네기는 미국 화물 철도 회사 유니온 퍼시픽으로부터 침대열차를 수주받기 위해 입찰에 나섰다. 하지만 그곳에는 거대한 라이벌이 우뚝 서 있었으니, 바로 조지 풀먼이었다. 두 사람은 치열한 입찰 경쟁을 벌였고, 이익을 거둘 수 없는 지경까지 이르자, 앤드루는 경쟁보다 협력이 유리하겠다고 판단한다. 그리고 풀먼에게 합작 회사를 설립하자고 제안하며, 회사명을 '풀먼 팰리스 카'로 하면 어떻겠냐고 물었다. 그렇게 풀먼을 설득할 수 있었다.

이런 바보 같은 경쟁은 관두고 합작 회사를 만드는 게 어떻겠소.

회사명은 뭘로 할 거요?

당신 말대로 합시다.

앤드루는 풀먼과 호텔 로비에서 만나 합작회사 설립을 제안했다.

그러나 풀먼은 마음이 내키지 않는 눈치였다. 앤드루가 풀먼의 이름으로 회사명을 짓자고 제안하면서 신사업의 역사가 열리게 된다.

73

10 잘 듣기만 해도 호감도가 높아진다

모든 사람은 누군가가 자기 이야기를 들어 주길 바란다.
경청은 사람의 마음을 얻는 가장 좋은 방법이다.

카네기는 한 출판 관계자가 주최한 만찬 파티에서 저명한 식물학자를 만난다. 그는 처음 만난 식물학자의 이야기를 듣는 데 집중했다. 자정 무렵, 파티가 끝났고 카네기는 집으로 돌아갔다. 식물학자는 파티 주최자에게 카네기가 참 훌륭한 대화 상대라며 칭찬했다. 카네기는 단지 청자의 역할에 충실했을 뿐이었다. 누구나 자기 이야기를 들어 주는 사람에게는 호감을 느끼기 마련이다. 상대의 이야기를 잘 듣기만 해도 나에게 큰 이득이 된다.

잘 듣기만 해도 좋은 대화 상대로 평가받는다

상대방의 이야기를 들으면서 중간중간 맞장구를 치고, 간간이
칭찬을 곁들이기만 해도 상대방은 더할 나위 없이 기뻐한다.
누구나 자기 이야기를 들어 주길 바라기 때문이다.

사람들은 누구나 자기 이야기를 경청해 주기를 바란다. 카네기가 초대받은 모임에서 만난 한 여성은 자신의 아프리카 여행담을 한 시간 가까이 이야기했다. 그녀는 카네기 역시 그 무렵 유럽 여행을 다녀왔다는 사실을 알면서도 자기 이야기를 하는 데 여념이 없었다. 이에 대해 카네기는 이렇게 말했다. "그 여성은 단지 누군가가 자기 이야기를 들어 주기를 원했을 뿐이며, 그녀가 특이한 것이 아니다. 이런 사람은 흔하다."

점원이 고객의 말을 가로막으면 안 된다

입지도 좋고, 제품 품질도 훌륭하며, 홍보도 열심히 하는데, 오히려 손님이 줄어든 매장이 있다. 원인이 무엇일까?

내가 봐도 제품은 정말 나무랄 데가 없어. 제품 진열도 훌륭한데….

이 옷 입어볼 수 있나요?

손님이 너무 없어.

저 점원이 응대한 손님은 두 번 다시 안 오더라고요.

이 옷은 고객님과 안 어울려요. 저 옷이 더 어울릴 것 같은데요.

고객이 떠나는 원인 중 하나는 매장 점원에게 있다. 점원이 고객의 말을 가로막고 자기 의견을 강요하는 것은 구매 의욕을 떨어뜨리는 주요 원인이 된다.

11

불만 고객을 진정시키는 방법은 이야기를 차분히 들어 주는 것이다

불만 고객은 기본적으로 흥분 상태이다. 주의 깊게 경청해 주면 서서히 감정이 진정된다.

불만 고객을 응대하는 최선의 방법은 경청이다. 한 불만 고객 때문에 곤란을 겪고 있는 통신사가 있었다. 청구 금액이 다르다는 이유로 지급을 거부하고 행정기관에 이의신청을 제기한 것이다. 해당 고객을 응대하게 된 직원은 거의 3시간 가까이 호통을 들으면서도 고객의 모든 이야기에 공감해 주었다. 이에 서서히 자존심이 회복된 고객은 분노 감정이 진정되었고 청구액을 전액 지불한 후, 이의신청도 취하해 주었다

무조건 차분하게 이야기를 들어 준다.

고객의 불만에 맞서 반박하는 것은 부주의하다. 상대방이 자기 생각을 뱉어내도록 하는 것이 중요하다. 독설을 모두 내뱉고 나면, 점차 감정이 누그러진다.

자신의 오해로 인해 결제를 거부하던 한 고객이 고함을 지르며 업체를 찾아왔다. 회사 측 직원은 참을성 있게 고객의 이야기를 모두 듣고, 회사를 직접 방문해서 이야기를 들려준 것에 감사를 표하며 청구를 취소하겠다고 답했다. 불만을 모두 토로하고 나서 감정이 진정된 고객은 집으로 돌아간 후, 자신이 오해했음을 깨닫게 되었다. 그리고 청구액을 수표로 보내왔다. 경청과 공감의 태도를 보이면, 대다수의 불만 고객은 화가 누그러진다.

부당한 불만 제기에 대해서도 공감한다

불만을 이야기하다 보면 점차 분노가 식어간다. 그 시간을 참지 못하고 고객에게 반론을 제기하면, 분노에 다시 불을 붙이는 셈이 된다. 고객의 잘못이 확실해도 일단 고객의 주장을 받아들이도록 하자. 그러한 대응에 만족한 고객은 추후에 자기 쪽에 잘못이 있었음을 인정할 것이다.

12

언변에 능한 사람보다
경청에 능한 사람이 호감 받는다

좋은 인상을 남기고 싶다면, 상대의 이야기를 잘 들어 주는 사람이 되는 것이 지름길이다. 경청에는 상대의 괴로운 마음을 진정시키는 힘도 있다.

수많은 유명 인사들을 인터뷰 해온 저널리스트 아이작 마코슨은 자신이 깨달은 사실에 대해 다음과 같이 말했다. "많은 사람이 상대방의 이야기에 귀를 기울이지 않기 때문에 좋은 인상을 주지 못한다." 자신이 하고 싶은 말을 생각하느라 상대방의 이야기에 집중하지 못하는 것이다. 그러면 상대방의 이야기를 건성건성 듣게 된다. 재치 있는 입담도 좋지만, 사람들에게 좋은 인상을 주기 위해서는 먼저 잘 듣는 사람이 되는 것이 중요하다.

무엇을 말하느냐 보다 어떻게 듣는지가 훨씬 중요하다

질문을 제대로 듣는 것이 중요하다. 재치 있는 답변을 하려고 생각이 앞서는 것이 문제이다. 다른 사람들은 내가 하는 이야기의 내용보다 나의 듣는 태도와 자세에 더 주목한다.

<리더스 다이제스트>의 조사에 따르면, 의사에게 진찰받으러 가는 이유에 대해 '내 이야기를 들어 주길 원하기 때문에'라고 응답한 사람들이 많았다고 한다. 확실히 그것만으로도 치유가 된다고 느끼는 것이다. 남북전쟁 당시 링컨 대통령은 옛 친구를 백악관으로 초청해서는 일방적으로 자기 이야기만 했다. 링컨이 옛 친구에게 원했던 것은 조언이 아니라, 자기 이야기를 그저 들어 주고 공감해 주는 것이었다.

사기꾼도 경청의 기술을 쓴다

저널리스트 도로시 딕스는 한때 23명의 여성을 속인 결혼 사기범을 인터뷰한 적이 있었다. 사기꾼이 말해준 여성을 속이는 기술은 매우 단순했다. 그저 상대가 자신에 대해 마음껏 이야기하도록 분위기를 만들고 자존심을 세워주었을 뿐이었다.

13

상대방의 말을 가로막는 사람은 비호감이다

자기 이야기만 늘어놓는 사람은 비호감이다. 그에 더해 다른 사람의 말을 중간에 가로막고 자기 이야기를 하는 사람은 최악이다.

동료나 아랫사람의 이야기는 듣지 않고, 일방적으로 자기 이야기만 하는 사람은 알게 모르게 주변에 퍼져가는 조롱과 무시를 피할 수 없다. 내가 이야기하는 중인데, 말 허리를 자르고 자기주장을 펼치는 사람을 어느 누가 좋아하겠는가? 그러나 사실, 다른 사람의 이야기를 잠자코 듣기만 하는 것은 쉽지 않다. 그래도 꼭 명심하자. 항상 자기 이야기만 하는 사람은 반드시 손해를 보기 마련이다.

상대의 말에 귀를 기울이지 않는 것은 최악의 행위이다

상대방의 이야기를 듣지 않고 자기 이야기만 하면, 뒤에서 멸시와 조롱 거리가 된다는 점을 각오해야 한다.

상대방의 말을 가로막으며 자기 주장을 펼치는 것은 최악의 행위이다. 사람들의 마음이 떠날 수 있으니 주의하자.

상대방의 이야기를 가로막고 자기 이야기만 늘어놓아 불편하게 만드는 사람들이 의외로 많다. 이런 유형의 사람들은 보통 자신이 잘났고 똑똑하다고 생각한다. 컬럼비아 대학교 총장을 역임한 니콜라스 버틀러는 "자기 이야기만 하는 사람은 구제할 도리가 없다. 아무리 많은 교육을 받았어도, 무지한 사람일 뿐이다."라고 지적한다. 만약 윗사람의 자리에 있다면, 아랫사람들에게 그렇게 인식되지 않도록 주의해야 한다.

자기 이야기만 하는 사람은 사귀지 말아야 한다

> 타인에게 호감을 얻으려면 경청이 중요해.

> 그럼 오늘은 내가 듣는 역할을 할게.

> 누가 듣는 역할인 거야!

> 이래 저래서 말이야, 그게 있잖아~.

> 이 사람과의 교제는 다시 생각해 봐야겠어.

> 기다려~

지식이 풍부하고 언변에 능하다 해도 남의 말을 듣지 않고 일방적으로 자기 말만 하는 것은 나쁜 매너이다. 오히려 그것이야말로 교양이 부족하다는 증거이다.

14

상대방의 관심사를 공략하면
마음을 얻을 수 있다

자기 관심사에 관해 대화를 나눌 때가 가장 즐거운 법이다. 그러니 상대방의 관심사가 무엇인지 사전에 알아보는 것은 중요하다.

예일 대학교 교수였던 윌리엄 라이언 펠프스는 자신의 저서를 통해, 소년 시절에 숙모 집에서 우연히 만난 한 남자에 관한 에피소드를 소개했다. 우리에게 대화법에 대한 교훈을 주는 이야기이다. 그 남자는 펠프스에게 보트에 관한 흥미로운 이야기를 들려주었고, 펠프스는 그에게 호감을 느끼게 되었다. 나중에 숙모에게 물어보니, "사실 그 사람은 보트에 별 관심이 없어. 네가 보트를 좋아하니까 즐겁게 해주려고 이야기한 것이란다."라는 답변이 돌아왔다.

상대방이 흥미를 느낄 만한 주제로 적극적으로 대화한다

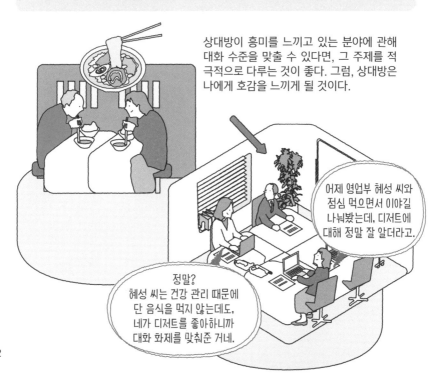

상대방이 흥미를 느끼고 있는 분야에 관해 대화 수준을 맞출 수 있다면, 그 주제를 적극적으로 다루는 것이 좋다. 그럼, 상대방은 나에게 호감을 느끼게 될 것이다.

어제 영업부 혜성 씨와 점심 먹으면서 이야길 나눠봤는데, 디저트에 대해 정말 잘 알더라고.

정말? 혜성 씨는 건강 관리 때문에 단 음식을 먹지 않는데도, 네가 디저트를 좋아하니까 대화 화제를 맞춰준 거네.

사람의 마음을 얻으려면 적극적으로 상대방의 관심사를 화제로 삼는 것이 좋다. 기록에 따르면, 루스벨트 대통령은 정치인, 외교관, 카우보이 등 어느 누구와도 상대방의 흥미와 관심을 유발하는 주제로 대화를 나눌 수 있었다고 한다. 그것이 가능했던 이유는, 항상 사람을 만나기 전에 상대방의 관심사에 관해 충분히 조사했기 때문이다.

상대방의 관심사를 미리 조사한다

15 상대방의 관심사를 알아낼 수 있는 질문법이 있다

상대방의 최근 관심사를 들을 수 있는 질문으로 대화를 시작한다.

사람은 남의 일보다 자기 일에 관심을 가진다. 될 수 있으면 상대방이 대답하고 싶을 만한 질문을 하고, 어떤 공적이 있는지, 무엇에 관심이 있는지 이야기하도록 유도한다. 상대방의 관심을 원한다면, 먼저 상대방의 관심사에 관해 이야기하는 것이 중요하다. 상대방의 흥미를 유발할 수 있는 주제로 대화를 나눔으로써 의사소통을 원활하게 이어갈 수 있다.

상대방이 대답하고 싶어지는 화제를 꺼낸다

나쁜 예

자네에 대해 최대한 빨리 파악하고 싶은데, 취미는 뭔가?

우리는 앱 개발이 주요 업무야. 자넨 앱 개발에 흥미가 있나?

기획 2팀에 합류한 거 환영해. 자기소개 대신 영업 1팀에서 한 업무에 대해서 알려주겠나?

커뮤니케이션은 대화이다. 상대의 관심사를 주제로 대화를 시작하는 것이 좋다.

뭐, 뭐지? 일방적으로 자기 말만 하고…

사람은 자신이 관심 없는 주제에 대해서는 입을 다물게 된다. 상대가 흥미를 느끼고 있고, 자발적으로 이야기하고 싶어지게 만드는 화제로 대화의 물꼬를 트는 것이 중요하다.

보이스카우트 연맹의 지도자였던 에드워드 찰리프는 후원을 요청하기 위해 대기업 회장실을 찾았다. 그는 회장이 100만 달러 수표를 액자에 넣어 보관하고 있다는 사실을 익히 들어 알고 있었다. 그는 회장에게 그 거액의 수표를 구경시켜 줄 수 있는지 물으며, 수표에 얽힌 사연을 듣고 싶다고 간곡히 요청했다. 회장은 흔쾌히 수표를 보여주며 이야기를 들려주었고, 화기애애한 분위기에서 대화를 이어갈 수 있었다. 대화에 만족한 회장은 찰리프에게 호감을 느꼈고, 요청한 액수보다 몇 배나 큰 금액을 기부했다.

상대방의 관심사에 다가가 욕구를 충족시켜준다

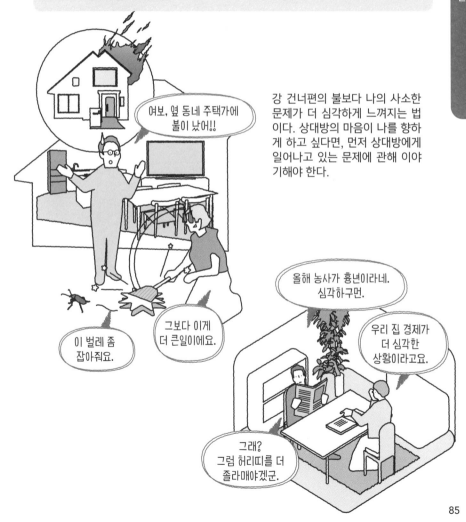

여보, 옆 동네 주택가에 불이 났어!!

강 건너편의 불보다 나의 사소한 문제가 더 심각하게 느껴지는 법이다. 상대방의 마음이 나를 향하게 하고 싶다면, 먼저 상대방에게 일어나고 있는 문제에 관해 이야기해야 한다.

이 벌레 좀 잡아줘요.

그보다 이게 더 큰일이에요.

올해 농사가 흉년이라네. 심각하구먼.

우리 집 경제가 더 심각한 상황이라고요.

그래? 그럼 허리띠를 더 졸라매야겠군.

16

내가 원하는 것은
상대방도 원하고 있음을 고려한다

남이 나에게 해 주기를 바라는 것을 내가 남에게 해 준다.

주변 사람들로부터 자신의 가치를 인정받고 싶은 마음은 누구나 가지고 있다. 또한, 자기 자신을 가장 소중하게 여긴다. 그것이 바로 '자존심'이다. 예를 들어, 직장에서 윗사람이나 동료들과 호의적인 관계를 맺고 싶다면, 먼저 상대방의 자존심을 세우주어야 한다. 자존심을 세우고 싶은 인간의 근원적 욕구가 충족되면, 상대방은 나를 좋은 동반자로 인정하게 된다.

상대방의 소망을 들어줌으로써 마음을 열게 한다

대놓고 호소해도 상대방이 들어주지 않을 때는 상대방의 소망을 이루어주는 것도 한 방법이다. 때로는 그것이 돌파구가 되어 모든 일이 잘 풀릴 수 있다.

인간관계에는 중요한 원칙이 있다. '남이 나에게 해 주기를 바라는 것을 내가 남에게 해 준다'이다. 모든 사람은 자존심을 지키고 싶은 욕구를 가지고 있다. 그러니 내가 먼저 상대방의 자존심을 충족시켜 주는 것이다. 동료의 칭찬과 친구의 격려를 원하지 않는 사람은 별로 없다. 내가 상대방에게 아낌없는 칭찬과 격려를 보내면, 인간관계 문제로 고민할 일은 점차 사라질 것이다.

다른 사람을 칭찬할 때는 대가를 바라지 말자

다른 사람을 칭찬하거나 위로하는 행위에는 대가를 바라는 마음이 있어서는 안 된다. 상대방을 기쁘게 해줄 수 있었다는 것만으로도 기분이 좋아지고, 서로에게 좋은 기억으로 오랫동안 남을 것이기 때문이다.

17 성공한 사람도 칭찬에 약하다

칭찬은 누구에게나 큰 효과를 발휘한다. 상대방이 성공한 사람이든 유명
인사든 다르지 않다.

칭찬에는 큰 힘이 있다. 《영원의 도읍》으로 유명한 영국 작가 홀 케인은
가난한 가정에서 태어나 충분한 교육을 받지 못했다. 시인 로세티에게 그
의 시를 찬미하고 그를 칭송하는 편지를 보내면서 케인의 인생은 전환점
을 맞이한다. 케인의 칭찬에 감동한 로세티가 그를 비서로 고용한 것이다.
비서 일을 하면서 당대의 명망 있는 문학가들과 교류하게 되었고, 그들의
조언과 격려에 용기를 얻게 된다. 이는 그의 문학적 소양을 높이는 데 큰
영향을 주었다. 케인은 작가로 거듭났고 길이 이름을 남기게 된다.

칭찬의 힘 ①

● 카네기의 수강생 사례 ① 한 청년의 이야기

숙모님, 집이 엄청 아름답네요.
정말 훌륭한 건축물입니다! 요즘에는
이렇게 넓은 집을 지을 수가 없어요.

그러니? 칭찬 고맙구나.
이 집은 설계사에 맡기지 않고,
남편과 내가 직접 설계했단다.
곳곳에 애정이 묻어있지.

우와, 패커드네요!
이 고급차를 제게
주신다고요?

카네기의 강연을 들은 한 청년이 연로한
숙모의 집을 방문하게 되었다. 그는 카네
기에게 배운 대로 숙모 집의 인테리어며
가구, 미술품에 대해 진심으로 칭찬했다.
고독한 삶을 살던 숙모는 그의 칭찬에 감
동했고, 남편의 유산이었던 고급 승용차
패커드를 선물로 주었다.

이제 탈 사람도 없어.
너처럼 아름다움의 가치를 아는
사람에게 선물하고 싶구나.

코닥의 창업주 조지 이스트먼은 세계적인 기업가였지만 칭찬을 바라는 마음이 여느 일반인과 다르지 않았다. 이스트먼의 사무실을 방문한 가구 회사 사장 애덤슨은 업무협상을 진행하기에 앞서 사무실에 대한 감탄과 칭찬을 아끼지 않았다. 이에 감동한 이스트먼은 두 시간이 넘도록 애덤슨과 대화를 나눴다. 그렇게 애덤슨은 이스트먼의 신뢰를 얻게 되었고, 이 둘은 이후에도 돈독한 우정을 쌓아 나갔다.

칭찬의 힘 ②

● 카네기의 수강생 사례 ② 한 조경업자의 이야기

카네기의 강의를 들은 한 조경업자는 칭찬의 유용성에 대해 힌트를 얻게 되었다.
당시 저명한 판사의 저택 조경을 담당하던 그는 판사의 개를 진심으로 칭찬했다.
판사는 그의 칭찬에 기뻐하며 혈통 있는 강아지를 분양해 주었다.

18 상대방의 입장을 존중하면 인간관계는 원만해진다

상대방의 입장에서, 상대방이 기분 좋게 느끼도록 행동하기 위해서는
겸허한 태도가 필요하다.

예의 있는 언어 습관을 들이는 것은 인간관계의 갈등과 마찰을 피하는
방법의 하나이다. 식당에서 직원이 내가 주문한 것과 다른 음식을 가져왔
다면 어떻게 반응해야 할까? 직원 입장에서는 손님이 호통치기보다 정중
하게 말해주기를 바랄 것이다. "실례지만, 제가 주문한 음식이 아닌 것 같
네요. 주방에 확인해봐 주시겠어요?"라고 정중하게 요청하면 직원도 친절
하게 응대할 것이다.

좋은 관계는 공손한 말에서 시작된다

90

앞서 소개한 철학자 에머슨의 말을 떠올려 보자. "누구든 나보다 뛰어난 면을 가지고 있기 때문에 누구에게나 배울 점은 반드시 있다." 카네기는 이러한 겸허한 태도의 중요성을 강조하며 이렇게 말한다. "자신의 장점을 돋보이고 싶어 하기 전에 상대방의 장점을 찾아라." 그리고 상대방의 장점을 자연스럽게 알려주면, 나에 대한 호감도가 높아진다.

누구나 나보다 뛰어난 점을 가지고 있다

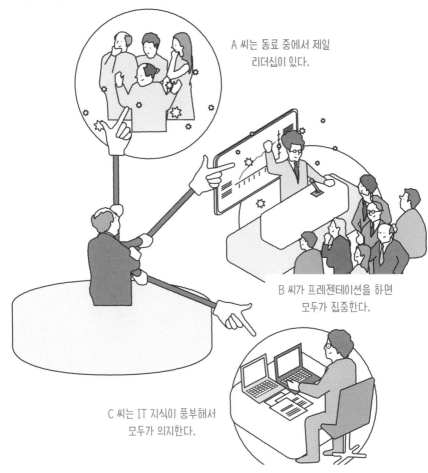

A 씨는 동료 중에서 제일 리더십이 있다.

B 씨가 프레젠테이션을 하면 모두가 집중한다.

C 씨는 IT 지식이 풍부해서 모두가 의지한다.

모든 사람에게는 배울 점이 있다고 생각하는 겸허한 자세를 습관화하면 대부분의 인간관계 갈등을 피할 수 있다. 자신을 돋보이게 하는 데 집중하기보다, 주변 사람들의 장점을 적극적으로 찾는 것이 현명하다.

카네기가 진심으로
아끼고 자주 인용한
위인의 명언

카네기는 위대한 학자, 정치인, 철학자들로부터 많은
영감을 받았고 그들이 남긴 명언을 마음 깊이 새겼다.
우리도 카네기처럼 깨달음을 얻어 보자.

적을 향한 불을 뿜는 듯한 분노가 너무 뜨거워지면 결국
자신이 화상을 입게 된다.

-윌리엄 셰익스피어-

셰익스피어는 중세 시대에 활약한 영국 최고의 시인
이자 극작가이다. 그는《맥베스》,《오셀로》,《베니스의 상
인》,《햄릿》,《로미오와 줄리엣》등의 작품을 통해 인간의
심리를 탁월한 관찰안으로 그려냈고, 그의 명작은 지금도
전 세계인의 사랑을 받고 있다.
　　그는 상대에 대한 분노 감정이 너무 강하면 그 감정이
자신에게 되돌아온다고 믿었다. 이는 '비난은 호의가 아
닌 갈등을 낳는다'는 카네기의 생각과 일치한다.

자기 의사로 행동을 바로잡으면, 간접적으로 감정도 바로
잡을 수 있다.

-윌리엄 제임스-

   미국 철학자이자 심리학자인 제임스는 '미국 심리학의
아버지'라고 칭해진다. 그는 행동을 바로잡으면 감정도
따라서 변화한다는 것을 심리학적으로 설명한다. 행동은
사물을 인식하는 방식에도 큰 영향을 미칠 수 있다.

모든 사람은 자기 잘못에 대한 대가를 치르기 마련이다.
이 이치를 깨달은 사람은 타인에게 분노하거나 욕하거나
비난하거나 공격하거나 증오하지 않는다.

-에픽테토스-

   에픽테토스는 고대 그리스 철학자로 고난을 극복하는
방법에 관해 설파했다. 그는 충동적으로 분노하는 사람을
비판하며, 분노와 같은 충동적인 감정에 이끌려 타인에게
상처를 주면 나중에 자신에게 돌아온다고 말했다.

설득의 기술

Chapter

3

DALE CARNEGIE
VISUAL NOTES

누군가와 대화를 나누다 보면 '내 의견이 맞고, 상대방 의견은 틀렸다'는 생각이 들 때가 있다. 카네기는 이런 상황에서 상대방의 실수를 지적하는 것은 반발로 이어지므로 권장하지 않았다. 다른 사람의 기분을 상하게 만들지 않고 설득하는 효과적인 방법에 대해 배워보자.

01 언쟁을 피하고 상대방의 체면을 지켜준다

사람을 설득하려면 좋은 인상을 유지하는 것이 중요하다. 그러기 위해서는 침착하게 대응하고 상대방의 체면을 지켜주어야 한다.

상대방으로부터 내 생각을 인정받아야, 설득도 가능해진다. 최우선으로 할 일은 상대방에게 좋은 인상을 심어 주는 것이다. 그래야 상대방도 내 이야기를 들어줄 마음이 생기기 때문이다. 반항심이 들고 적대감이 느껴지는 사람이 설득하려 들면, 대개는 듣고 싶어 하지 않기 마련이다. 아무리 일상적인 대화라 해도(특히 윗사람이라면), 실수나 오해를 지적하고 바로잡는 것은 상대방의 체면을 깎을 수도 있으므로 삼가야 한다. 그래야 흠 잡히지 않고 무난하게 대화를 이어갈 수 있다.

윗사람의 실수를 대놓고 지적하지 말자

선종외시(先從隗始)

'말을 꺼낸 사람부터 시작하라', '일을 시작할 때는 가장 가까운 곳부터 시작하라'는 의미이다. 큰일을 도모하려면 친밀하고 익숙한 작은 것에서 시작해야 한다.

상대의 체면을 지켜주는 동시에 나의 평정심을 유지하는 것이 중요하다. 상대방의 잘못이 분명해도 충동적으로 화를 내서는 안 된다. 특히, 하도급 업체 담당자에게 시비조로 항의하는 것은 갑질에 해당할 수 있다. 차분히 대화하다 보면, 협력할 수 있는 합의점을 발견하게 되고, 모두에게 이로운 의견을 반영하여 일을 성공적으로 이끄는 것이 가능하다.

일상 대화에서도 상대의 체면을 깎는 행위는 절대 금물이다

02 논쟁에서 이겨봐야 돌아오는 것은 원망뿐이다

최근 다양한 매체를 통해 '반박' 의견이 주목받거나 공론화되곤 하지만,
인간관계를 견고히 하는 데 있어서, '반박'은 권장할 만한 행위는 아니다.

논쟁에서 상대방의 주장을 반박하고 할 말을 잃게 만들면, 그 당시에는
기분이 좋을 수도 있다. 논쟁을 벌여서 상대를 능가하고 승리하는 기분을
즐기는 사람도 있을 수 있다. 이에 카네기는 "논쟁에서 이기는 것은 아무
의미가 없다."고 단언한다. 어릴 때부터 토론하는 법을 배우고, 사회 전반
에서 토론이 자연스러운 문화로 자리 잡고 있는 미국에서 태어나고 자란
카네기도 젊은 시절에는 논쟁을 즐겼다. 하지만 점차 사회 경험이 쌓이고
생각이 달라진다.

벤저민 프랭클린 역시 논쟁에 부정적이었다

시비와 반박으로 상대를 이길 수도
있다. 그러나 이는 헛된 승리일 뿐이다.

논쟁에서 상대를 이기면,
상대의 호의를 얻는 것은
포기해야 하기 때문이다.

호의를 얻지 못하는 승리는 공허하다

프랭클린은 "논쟁에서 이기고 싶다면
상대방의 호의를 얻는 것은 포기해야
한다."고 말한다. 승리와 호의, 이 둘은
공존하기 어렵다.

인간관계의 달인
벤저민 프랭클린

인간관계를 망치면서까지 논쟁에서 이기는 것이 무슨 의미가 있을까? 가장 현명한 방법은 처음부터 아예 논쟁을 벌이지 않는 것이다. 카네기는 "대부분의 사람은 자기 의견이 옳다고 고집하는 경향이 있다. 논쟁에서 진 사람들의 90%는 끝까지 자기 의견을 고수한다."고 말한다. 그런 상대를 이겨봐야 좋은 인간관계를 맺을 수 없다. 최악의 경우, 집념이 깊어지고 원한을 품게 되는 원수 사이가 될 수도 있다.

논쟁에서 이겨도 결과적으로는 진 것과 다름없다

논쟁에서 이기다!
…역시 내 의견이 맞아!!

피식피식

네 의견이
옳다고…?

내가 맞아!

논쟁에서 지다!
…그래도 내 의견이 맞아!!

그래! 내 의견이
옳다고 확신해!

논쟁에서 질 순 없어.
무조건 내 의견이
옳아!

정말 그렇다고…?

내 의견이
옳다고 이론이
증명하잖아.

우월감
기쁨

열등감

내가 맞아!

억지 이론으로 밀렸지만,
내 의견이 옳아!

피식피식

결국은 승패를 떠나,
서로 자기 의견이 옳다고 고집한다.

열등감

우월감
기쁨

논쟁은 원한을 남긴다

규칙에 따라 진행되는 토론은 의견과 인격을 분리하여 생각하기로 약속되어 있기 때문에 원한이 남는 경우가 적다. 하지만 흑백 논쟁의 경우 한쪽이 패배를 인정해야 하므로 이긴 쪽은 원한을 사게 되고, 궁극적으로는 '패배'한 것과 다름없다.

03 논쟁으로는 아무것도 바꿀 수 없다

완고하고 무지한 사람들만 자기 의견을 고수하는 것이 아니다.
논쟁에서 마음을 바꾸는 사람은 거의 없다.

사람들은 내용에 상관없이 자기 의견을 정당화하고 싶어 한다. 논쟁을 통해 패배를 인정하게 만들면 반감과 원한을 살 뿐이다. 논쟁으로 상대의 진심을 바꾸기는 불가능하며, 호의와 신뢰를 얻기는 더욱 어렵다. 아무리 내가 논리적으로 옳아도 논쟁으로 상대방의 마음을 바꾸거나 설득하기는 어렵다는 사실을 명심해야 한다.

옳은 말을 해도 상대방이 받아들이지 않으면 그만이다

〈보스턴 트랜스크립트〉에
의미심장한 시가 실렸다.

여기에 윌리엄 제이가 잠들어 있다.
올바름을 주장하고, 올바른 길을 걸은 그는 옳았다.
하지만 옳지 않은 길을 걸은 자와 똑같이 잠들었다.

상당히 의미심장한 말이네.

누군가의 의견을 바꾸는 것은 기적에 가깝다

객관적으로 내가 정의롭다고 해도, 상대가
고수하고 싶은 정의도 있다. 그래서 무엇이
옳은지가 아니라, 내가 믿고 싶은 것을 고수
하는 것이다.

자신의 신념을 부정당하고 싶지 않을 뿐만 아니라, 실수를 흔쾌히 인정하고 싶지도 않다. 모든 사람이 어느 정도는 이러한 경향을 가지고 있다. 윌리엄 매커두 전 미국 재무장관은 "논쟁을 통해 무지한 자를 이기는 것은 불가능하다."고 말했다. 그 말에 더해, 카네기는 "무지한 사람뿐만 아니라, 모든 사람이 논쟁으로는 마음을 바꾸지 않는다."고 단언했다.

자기 의견에 대한 집착과 지능은 무관하다

미국 재무장관이자 거물급 정치인이었던 윌리엄 깁스 매커두

전 세계적으로 1,500만 명 이상이 읽은 《인간관계론》의 저자였던 데일 카네기

논쟁에서 무지한 자를 이기는 것은 불가능하다.

무지한 사람뿐만 아니라, 모든 사람은 논쟁으로 마음을 바꾸지 않는다.

곤란해…

흐음~

결국 무리!

역시 논쟁은 무의미해.

어떻게 모를 수가 있지?

논쟁으로 상대의 생각을 바꾸는 건 무리야.

매커두는 고지식한 사람이었을까?

두뇌가 명석해도 다른 사람의 의견을 받아들이지 않는 사람은 존재한다. 똑똑한 만큼 자존심이 강하고, 쓸데없이 자기 의견에 집착하는 경우도 있다.

04 남을 설득하려면
배려와 존중이 필수이다

상대방에게 내 생각과 의견을 받아들이게 하는 데 배려와 존중이 필요한
이유는 무엇일까?

카네기는 사람들을 설득할 때 논쟁은 무의미하다고 말했다. 대신 배려와
존중의 가치가 중요하다고 강조한다. 싯다르타의 말을 인용하면, "증오는
증오로 무너뜨릴 수 없다. 증오는 오로지 사랑으로만 무너진다." 나를 향한
반감을 없애고, 서로의 오해를 풀기 위해서는 논쟁이 아니라, 배려심 있는
표현과 태도를 보여야 한다. 배려하는 마음을 상대방에게 열어 보여줄 수
있는 열쇠는 공감과 이해이다.

자비를 설파한 싯다르타의 '자리이타'

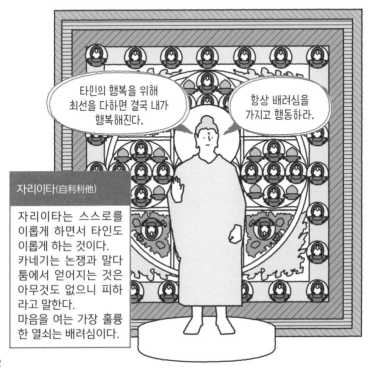

타인의 행복을 위해
최선을 다하면 결국 내가
행복해진다.

항상 배려심을
가지고 행동하라.

자리이타(自利利他)

자리이타는 스스로를
이롭게 하면서 타인도
이롭게 하는 것이다.
카네기는 논쟁과 말다
툼에서 얻어지는 것은
아무것도 없으니 피하
라고 말한다.
마음을 여는 가장 훌륭
한 열쇠는 배려심이다.

상대방에게 존경심을 표현하는 방법은 많다. 예를 들어, 처음에는 냉담한 태도를 보이던 사람도 내가 존경심을 표현하면, 점차 호의적인 태도로 변하기도 한다. 내가 존경하는 마음을 표현하면, 상대방의 자존심이 세워지기 때문에 만족감을 느끼고 받아들이기로 마음을 바꾸는 것이다. 이런 경우는 실제로 우리 일상에서도 종종 일어난다.

존중하는 태도를 보이면 냉담했던 분위기가 호의적으로 바뀐다

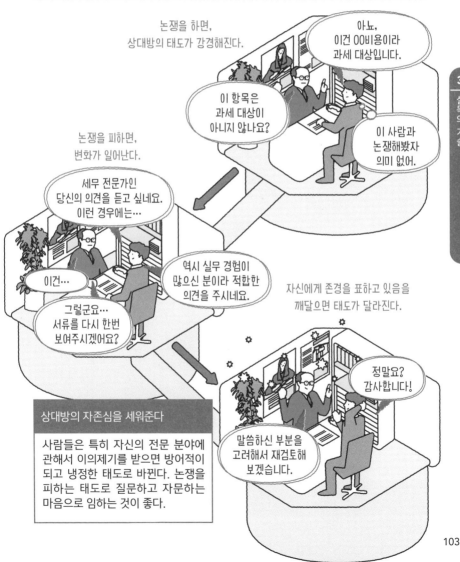

논쟁을 하면, 상대방의 태도가 강경해진다.

아뇨, 이건 OO비용이라 과세 대상입니다.

이 항목은 과세 대상이 아니지 않나요?

이 사람과 논쟁해봤자 의미 없어.

논쟁을 피하면, 변화가 일어난다.

세무 전문가인 당신의 의견을 듣고 싶네요. 이런 경우에는…

이건…

역시 실무 경험이 많으신 분이라 적합한 의견을 주시네요.

그렇군요… 서류를 다시 한번 보여주시겠어요?

자신에게 존경을 표하고 있음을 깨달으면 태도가 달라진다.

정말요? 감사합니다!

상대방의 자존심을 세워준다

사람들은 특히 자신의 전문 분야에 관해서 이의제기를 받으면 방어적이 되고 냉정한 태도로 바뀐다. 논쟁을 피하는 태도로 질문하고 자문하는 마음으로 임하는 것이 좋다.

말씀하신 부분을 고려해서 재검토해 보겠습니다.

05 동지와 친구를 얻고 싶다면 승리를 고집하지 않는다

논쟁에서 이기는 것에 연연하지 말고, 오히려 승리를 포기하라고 권한 카네기의 진짜 의도는 무엇일까?

"나와 상대방이 맞거나 틀릴 확률이 반반이라면, 아무리 중요한 일이라도 상대에게 승리를 양보해야 한다. 만약 전적으로 내가 옳아도 사소한 일이라면 승리를 양보하는 것이 좋다." 이는 링컨이 동료들과 격한 논쟁을 벌이던 장교를 다독이기 위해 한 말이다. 상대가 물러설 데를 주지 않고 전면전으로 밀어붙이는 것은 현명하지 못하다. 지혜롭게 승리를 양보하는 것이 정답이다.

'지는 게 이기는 것이다'라는 속담이 있다

예를 들어, 각 부서 간의 주장이 엇갈려서 조정에 난항을 겪고 있는 경우

'지는 게 이기는 것'이라는 말의 의미

갈등을 피하고 그 자리에서 상대에게 승리를 양보하는 것이 현명하다.

《잠언집》,《회고록》등의 저서를 남긴 프랑스 도덕주의자 라 로슈푸코는 "적을 원하면, 상대보다 더 훌륭해지면 된다. 아군이나 친구를 원한다면, 상대방을 돋보이게 해 주어야 한다."라는 명언을 남겼다. 인간은 자신보다 우월한 사람에게 열등감, 시기, 질투를 느끼고, 자신이 우월한 사람이라고 느낄 때는 자존심이 올라간다. 이런 심리를 깨달았다면, 내 편으로 만들고 친구가 되고 싶은 사람에게 기꺼이 승리를 양보하자.

기꺼이 져 주고 감사를 받는다

이럴 때, 이 대리가 확실히 의지가 되네.

좋아! 우리가 이겼어!!

잘 부탁하네.

역시, 이 대리!

알겠습니다. 이 건은 저희 부서에서 처리하겠습니다.

이기면 뭐해? 인심을 잃었는데…

역시 이 대리!

패배해도 인망이 올라간다!

상대방에게 내가 패배를 인정해도, 주변에서는 내 도량의 크기를 인정할 것이다. 무엇보다 상대방의 체면을 지켜 줌으로써 감사를 받고 나의 품격이 높아지며 주변 사람들의 존경을 받게 된다.

승리에 연연하면 인심을 잃는다!

'절대 지지 않겠어!'라는 고집스러운 태도를 고수하면 인심을 잃게 되고 품격과 평판도 바닥을 향해 떨어질 가능성이 높다.

06

자신이 옳다고 과신하지 말고 비판과 공격을 삼간다

자신의 정의에만 사로잡혀 있으면 타인에 대한 배려를 잊기 쉽다.
비판과 공격적 언행에 주의하자.

우리는 어릴 때부터 항상 정직해야 한다고 배워왔다. 하지만 상황에 따라서는 정직함이 갈등의 원인이 되기도 한다. "너의 생각은 틀렸어."라며 직설적으로 말하면, 상대는 인정하는 마음이 들기보다 반감을 품게 된다. 상대방에게 반감과 억울함을 느끼게 하면, 아무리 옳은 의견이라도 공감을 얻기 어렵다. 상대방의 의견이 틀렸다 해도, 일단 그 사람의 의견과 생각을 존중하는 태도를 보이는 것이 중요하다.

자신이 옳다고 과신하면 타인을 비난하기 쉽다

야, 그건 궤변이지! 소설을 쓰고 있니?

논리적으로 모순투성이인 의견은 들을 것도 없어!

아~ 저렇게까지 심하게 말할 필요는 없잖아…

느닷없이 상대방의 실수부터 지적하는 사람은 별로 없다. 반면, 상대의 실수가 명백하다고 확신한 순간, 마치 악마의 뿔이라도 잡은 양 전투태세로 돌입하는 사람은 많다.

면전에서 비난과 지적을 받으면, 그 순간에는 잠시 멍해져서 아무 말 못 하다가, 정신을 차리고 나서 화가 치밀고 반감이 드는 사람이 대부분이지 않을까?

타인의 실수를 직설적으로 지적하는 사람들은 자신의 정의를 과신하고 있을 가능성이 있다. 루스벨트 대통령은 백악관 사람들에게 "내 생각이 75% 정도의 확률로 맞는다면, 그것이 기대할 수 있는 최고치이다."라고 고백했다. 카네기는 더 나아가 "55%의 확률로만 맞아도 괜찮은 편이다."라고 말하며, "이 정도의 확률을 가지고 남이 틀렸다고 비난할 수 있겠는가?"라고 묻는다.

인간은 논리적 동물이 아니라 감정적 동물이다

비난과 지적을 들은 사람은 자존심이 상하고 기분이 우울해질 수 있다.
그러나 그 자리에서는 아닌 척하며 논쟁을 시도할 수도 있다.

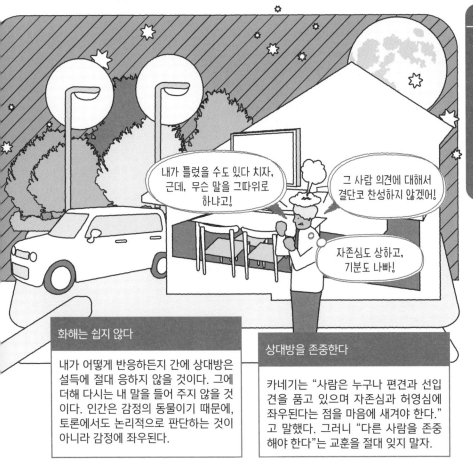

내가 틀렸을 수도 있다 치자, 근데, 무슨 말을 그따위로 하냐고!

그 사람 의견에 대해서 결단코 찬성하지 않겠어!

자존심도 상하고, 기분도 나빠!

화해는 쉽지 않다

내가 어떻게 반응하든지 간에 상대방은 설득에 절대 응하지 않을 것이다. 그에 더해 다시는 내 말을 들어 주지 않을 것이다. 인간은 감정의 동물이기 때문에, 토론에서도 논리적으로 판단하는 것이 아니라 감정에 좌우된다.

상대방을 존중한다

카네기는 "사람은 누구나 편견과 선입견을 품고 있으며 자존심과 허영심에 좌우된다는 점을 마음에 새겨야 한다."고 말했다. 그러니 "다른 사람을 존중해야 한다"는 교훈을 절대 잊지 말자.

07 실수를 지적하려면 은근하게 전달한다

실수를 지적하는 의도에 상대방의 발전을 위하는 마음이 담겨 있어도, 전달 방식이 고압적이면 받아들여지지 않는다.

철학의 아버지 소크라테스는 '무지無知의 지知', 즉 '나의 무지함을 자각한다'를 기본 사상으로 삼았다. 소크라테스 철학의 영향을 받은 카네기는 타인에게 '틀렸다, 아니다'라고 말하지 않았다. 그 대신 "제 의견은 당신과 다릅니다. 하지만 제가 틀릴 수도 있으니 함께 생각하고 논의해 보면 어떨까요?"라고 제안했다.

실수를 지적한다고 해결책이 나오지는 않는다

넘겨준 자료를 돌려달라고 했더니 이미 돌려주었다는 답변을 들은 경우

실수라고 지적하면, 돌려주었는지 여부에 대한 논쟁으로 이어질 수 있다.

다른 사람에게 '당신이 틀렸다'고 말하지 않기로 결심했어도, 업무적으로는 상대방의 실수를 지적해야 할 때가 있다. 그때, 상대를 무시하는 듯한 태도가 조금이라도 비치면, 상대방은 반발하고 시시비비를 따지자는 태도로 돌변할 수 있다. 또한, 잘못을 지적받는 순간, 자기 의견이 옳다고 증명하고 싶은 오기가 발동하는 경우도 있다. 따라서 다른 사람의 실수를 지적할 때는 세심한 주의가 필요하다. 지적한다는 티를 내지 말고, 조심스럽게 알려줘야 한다.

상대방을 높여주는 어조로 말한다

'내가 틀릴 수도 있지만'이라는 전제하에 나를 낮추는 것이 상대방을 높여 주는 것이다.

아무도 이득을 보지 않는 싸움은 피해야 한다

내가 먼저 적당히 겸손한 태도를 보이면, 상대방은 자존심이 깎이지 않고, 적대감을 표하지 않는다. 상대방이 평정심을 찾으면 차분하게 일을 재검토하게 되고, 자신의 실수를 자발적으로 깨달을 수 있다. 배려심 없는 말투로 상대의 실수를 지적하면 모두에게 이롭지 않으며 손해만 볼 뿐이다.

08 상대를 무시하는 태도와 폭언을 삼가고, 배려하는 마음으로 다가간다

인간관계를 원활하게 하기 위해서는 타인에 대한 배려와 상냥한 표현이 필요하다. 구체적인 사례를 통해 살펴보자.

　내 의견이 흔쾌히 받아들여지도록 만드는 핵심은 상대를 배려하고 상냥하게 말하는 것이다. 만약, 내가 우위에 서서 상대를 무시하는 태도를 보이거나 비웃는 듯한 말투로 이야기하면, 내 의견이 아무리 옳아도 상대방은 억지를 부려서라도 자신의 정당성을 주장할 것이다. 반면에 배려심 있고, 상냥하게 이야기하면, 상대방은 자신의 실수를 인정하고 싶지 않은 마음이 있어도, 내 의견에 귀를 기울여 주게 된다.

다른 사람이 불쾌해할 사실을 함부로 폭로하지 않는다

친구가 금융기관의 권유대로 투자했다가 손실을 본 경우

정곡을 찌르는 바른말로 책망하면, 상대방은 도리어 화를 낸다.

그 담당자를 진짜 믿었는데, 결국 손해를 보고 말았어!!

리스크에 관한 설명 의무라는 게 있어. 그러니 너도 분명히 들었을 거야. 네 스스로 선택해서 투자한 거니까 불만을 가질 이유는 없다고 봐.

리스크는 그다지 크지 않다고 했었어. 게다가 담당자가 강력하게 권하지 않았으면, 투자하지도 않았을 거라고!!

이건 네가 분석을 제대로 하지 않은 게 잘못이야. 매니저 말대로만 투자한 게 어리석은 거지.

손실을 본 친구가 나에게 듣고 싶은 말은 "손해를 봐서 큰일이구나."라는 공감이다. 자신의 실패를 정곡으로 찌르며 비난하는 말을 듣고도 기분 좋을 사람은 없다.

남북 전쟁이 한창일 때, 미국에서 가장 영향력 있는 편집자였던 호러스 그릴리는 링컨의 정책을 맹렬히 반대했다. 그는 냉소, 비방, 조롱에 더해 인신공격도 서슴지 않으며 노골적으로 링컨을 공격했다. 거칠게 압박함으로써 링컨이 자신의 주장에 동의하도록 만들려는 작전이었다. 당연하게도 호러스는 링컨의 동의를 얻지 못했다. 이는 부정적인 공격으로는 상대방의 동조를 받아낼 수 없음을 증명한 사례가 되었다.

상대방을 배려하는 태도로 상냥하게 말한다

After

그는 점차 다른 사람들의 충고에 귀를 열었으며 독단적 판단을 보류하고 겸손하게 행동했다.

Before

젊은 시절의 벤저민 프랭클린은 인간관계에서 실패를 거듭했다.

> 내 생각은 이런데, 자넨 어떤가?

> 이건 하나의 예로 생각하고 들어 주게.

> 아무리 지식이 많아도, 그렇게 독선적인 태도로 일관하면, 주변 사람들이 떠난다고!

> 그렇게 생각할 수도 있지만, 이번엔 방식을 약간 바꿔 보는 건 어떨까?

> 내 의견을 진지하게 듣고 있군!

> 그런가… 고쳐야겠네.

상대방의 감정을 고려하고 자기주장에 신중해야 한다

프랭클린은 자서전을 통해, 상대방의 잘못된 점을 지적하며 자기주장을 펼치고 우위를 점하려는 태도를 개선한 덕에 사회적으로 안정된 지위에 오래 머물 수 있었고, 사람들도 자신의 이야기에 귀를 기울이게 되었다고 말한다.

09 내가 틀렸을 때는 그 즉시 겸허하게 인정한다

우리는 높은 확률로 틀리곤 한다. 나의 실수를 깨달았으면 주저하지 말고, 재빠르게 인정하고 상대방에게 사과해야 한다.

상대방의 잘못에 대해서는 상냥하고 배려심 있게 대응하라고 강조했다. 반대로 내가 틀렸다면 어떻게 해야 할까? 그때는 변명하지 말고 즉시 잘못을 인정하는 것이 중요하다. 카네기는 "상대가 나를 비판하려는 내용을 자발적으로 먼저 말하라. 그럼 높은 확률로 상대는 너그럽게 용서하며 별일 아니라고 여길 것이다."라고 말한다. 실수를 인정하는 용기를 발휘하면 의외로 만족감이 생기고 문제를 해결하는 데도 도움이 된다. 게다가 주변 사람들의 호의도 얻을 수 있다.

자기반성의 기술을 익힌다

임원 회의에 제출한 디자인을 경영진이 마음에 들어 하지 않아서 윗사람이 호출한 경우

자네가 제출한 디자인에 대한 임원들의 반응이 좋지 않았어.

뭐라 드릴 말씀이 없습니다. 아이디어가 부족했던 것 같습니다. 죄송합니다.

변명해 봐야 아무것도 얻지 못한다

디자인은 감각과 취향의 문제라고 변명해도 상대방의 마음에 닿지 않는다. 빨리 인정하고 진심으로 사과하는 편이 낫다.

만약, 자신의 실수를 지적받기 전에 발견했다면, 망설이지 말고 빠르게 반성하는 쪽을 선택하자. 때에 따라서는 인격적인 모욕감을 느낄 정도의 질책과 매도를 당하게 될 수도 있으므로 그 전에 스스로 반성하는 의사를 표시해야 피해를 최소화할 수 있다. 실수를 정당화하거나 은폐하는 것은 어리석은 일이다. 자신의 실수를 빠르고 확실하게 인정하고 시정함으로써 진정성을 보이는 것이 현명하다.

상대방의 적대감을 줄이기 위한 노력

자발적으로 즉시 인정하고 시정한다.

자기반성적 태도로 적개심을 해소하다

진심 어린 반성의 태도를 보인 결과, 윗사람을 내 편으로 만들 수 있었다.
순수한 자기반성은 위기를 기회로 바꾸는 효과가 있다.

10 상대방의 자존심을 세워주고 관계를 돈독히 한다

의사소통의 기술을 활용하면, 어색한 사이에서도 상대방의 자존심을 세워주고 좋은 인상을 남길 수 있다.

앞서 계속 강조했다시피, 인간은 '감정의 동물'이라는 사실을 명심해야 한다. 우리 대다수는 자신의 자존심을 세우고 허영심을 채우고 싶어 하며 타인에게 인정받고 싶은 욕구를 가지고 있다. 카네기는 상대방의 전문 분야에 대해 가르침을 청함으로써 자존심을 세워주고, 내가 원하는 대응을 끌어내기를 권한다. 상대방의 경계심을 해소하고 신뢰감을 얻기 위해서는 센스 있는 소통의 기술이 필요하다.

타인과의 관계를 개선하기 위해

친분이 없고 어려운 선배에게서 일을 배워야 할 때

입사 2년 차 ○○입니다. ㅁㅁ 선배님께 많이 배우고 싶습니다. 잘 부탁드립니다.

○○ 씨, 잘 부탁해요.

오늘 프레젠테이션에서 전달하고 싶은 점은 크게 2가지입니다. 그럼, 데이터를 한 번 볼까요?

회사에서 능력자로 인정받는 선배와 같은 팀에 배속되었다. 이번 기회에 긍정적 관계를 맺고 발전하고 싶다.

훗날 선배가 진행하는 프로젝트에 동참하게 되었다.

원활한 인간관계를 맺고 싶다면, 상대방이 가진 우월성과 권위의 가치를 인정하는 마음을 키워야 한다. 카네기는 자기 경험을 예로 든다. 그는 개를 산책시킬 때 목줄을 사용하지 않았다는 이유로 경찰관에게 주의를 받았다. 훗날 같은 이유로 그 경찰관을 재회한 카네기는 재빨리 선수 쳐서 자신이 전적으로 잘못했음을 솔직히 인정하며, 반성하는 태도를 보였다. 경찰관은 자신의 권위를 존중하고 자존심을 세워주는 카네기의 태도에서 흡족함을 느꼈다. 이로써 원만하고 너그럽게 마무리되었다.

상대방의 전문 분야를 칭찬하여 자존심을 세워준다

구체적인 내용을 칭찬하는 것이 핵심

막연한 칭찬을 나열하는 것은 '그냥 말뿐'으로 느껴져 조롱한다는 오해를 받을 수 있고, 나아가 불쾌감과 반감을 심어줄 수도 있다. 상대방이 납득할 만한 부분을 구체적으로 칭찬해야 한다.

11 친근한 말과 행동으로 서서히 반감을 줄여나간다

아랫사람이나 자녀의 반항적인 태도를 한탄할 시간에 먼저 자신의
태도를 되돌아보고 개선하기 위해 노력한다.

2,500여 년 전에 쓰인《이솝 우화》중에 〈북풍과 태양〉이라는 이야기가
나온다. 북풍과 태양, 둘 중 누가 더 강한가를 두고 논쟁을 벌였고, 때마침
지나가던 나그네의 외투를 벗기는 쪽이 승리하는 것으로 정했다. 외투를
벗기기 위해 북풍이 아무리 세찬 바람을 불어도 나그네는 외투를 꼭 잡고
놓지 않는다. 반면에, 태양이 따뜻한 빛을 비추자 나그네는 스스로 외투를
벗었다. 사람의 마음을 변화시키려면, 억지로 강요하지 말고 따뜻한 말과
다정한 표현이 필요하다는 교훈을 준다.

링컨의 명언에서 배우다

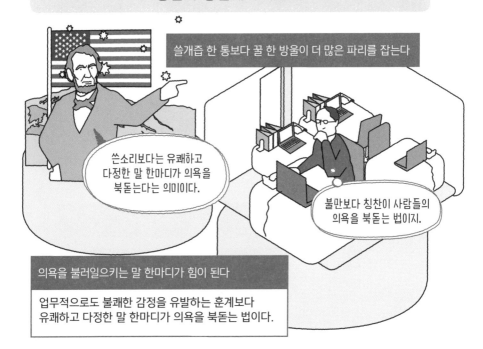

쓸개즙 한 통보다 꿀 한 방울이 더 많은 파리를 잡는다

쓴소리보다는 유쾌하고
다정한 말 한마디가 의욕을
북돋는다는 의미이다.

불만보다 칭찬이 사람들의
의욕을 북돋는 법이지.

의욕을 불러일으키는 말 한마디가 힘이 된다

업무적으로도 불쾌한 감정을 유발하는 훈계보다
유쾌하고 다정한 말 한마디가 의욕을 북돋는 법이다.

상대방이 나에게 유달리 더 반항적이거나 적대적이라면 아무리 뛰어난 논리를 구사해도 설득할 수 없다. 자녀가 말을 잘 듣지 않거나 아랫사람이 반항적으로 행동하면 고민이 커질 수밖에 없다. 그럴 때는 반대로 나 자신을 돌아보자. 억지로 시켜봐야 상대방의 반감만 키울 뿐이다. 내가 먼저 상냥하게 대하면 관계가 개선되고 상대방도 마음을 열 것이다.

내가 먼저 호의적으로 대응한다

반항적인 태도를 취하는 아랫사람들

자네 기분은 이해해. 하지만 다른 관점에서 한번 생각해 보면 어떨까? 내가 도와줄게.

대리님께서 그렇게까지 말씀하시니… 알겠습니다. 수정해 볼게요.

평소와 다르네. 일방적으로 지시하지도 않고~

고집이 세서 응대하기 힘든 기술자들

예전부터 ○○공업소의 기술력에 주목했습니다. 부품 하나에도 수많은 공정이 필요하다고 들었는데, 실제로 보게 되어서 영광입니다.

그렇게까지 높게 평가해 주시니 저희가 더 영광입니다.

일에 관한 이야기보다 관계 개선이 먼저지.

우리가 하는 일에 대해서 이해하고 있는 것 같아.

상대방에게 요구하는 상황이면 특히 더 호의적인 분위기를 조성한다

내가 부탁할 일이 있다면, 상대방의 반감이나 적개심을 불러일으키지 않도록 특히 주의한다. 먼저 상대방과 편안한 분위기로 소통한 후에 조건과 요구 사항을 제시하자.

12 'No'보다 'Yes'를 끌어내는 질문을 한다

상대방이 '예'라고 대답할 수 있는 질문 방식을 사용하는 것이 핵심이다.
대화의 주제가 무엇이든 '아니요'라는 대답을 유도하면 안 된다.

내 의견이 받아들여지기를 원한다면, 상대방으로부터 부정적인 대답이 나오지 않도록 대화를 이끄는 것이 중요하다. '아니요'라는 거부 의사는 말 뿐만 아니라 반항심과 적대감에 불을 붙일 수도 있으므로 상대방으로부터 부정적인 말이 나올만한 질문과 대화는 피해야 한다. 상대방으로부터 '예'라는 긍정적인 대답을 끌어낼 수 있는 질문으로 대화를 시작하는 것이 중요하다.

'일관성의 법칙'을 활용한다

갑자기 본론으로 들어가면, 듣는 사람이 방어적으로 되어 대화가 잘 안 풀릴 수 있다.

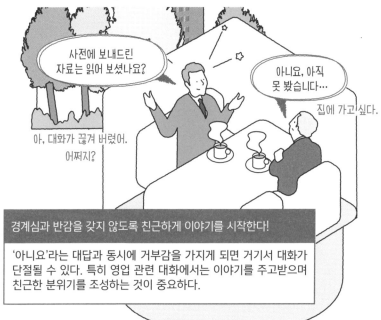

사전에 보내드린 자료는 읽어 보셨나요?

아니요, 아직 못 봤습니다…

집에 가고 싶다.

아, 대화가 끊겨 버렸어. 어쩌지?

경계심과 반감을 갖지 않도록 친근하게 이야기를 시작한다!

'아니요'라는 대답과 동시에 거부감을 가지게 되면 거기서 대화가 단절될 수 있다. 특히 영업 관련 대화에서는 이야기를 주고받으며 친근한 분위기를 조성하는 것이 중요하다.

최초에 '예'라는 대답이 나오면, 그 뒤로는 이야기를 진행하기가 수월해진다. 심리학적으로도 상대방이 한 번 이상 '예'라고 대답하게 유도하면, 그 뒤로도 '예'라고 대답할 가능성이 높다고 한다. 왜 그럴까? 사람은 자신의 신념과 태도를 일관되게 유지하고 싶은 특성, 즉 '일관성의 법칙'을 가지고 있기 때문이다. 그러니 서로의 의견이 다르다면, 차이에 초점을 맞추지 말고 동조할 수 있는 부분을 강조하면서 이야기를 진행하자.

'예'를 더해가는 것이 중요하다

영업 현장에서는 상대방으로부터 '아니요'라는 대답이 나오지 않도록 질문한다.

요청하신 건에 대해서 3분 정도로 간략하게 설명해 드려도 될까요?

아울러, 저희 쪽 제안도 들어보시겠습니까?

이대로 이어가면…

3분 정도면 괜찮을 거 같네요.

듣기만 하는 거면 뭐…

'예'를 자연스럽게 끌어낸다!

계속해서 '예'라고 대답하다 보면, 그 자리에서 바로 거부하거나 반론하기 어렵다는 심리가 작동한다.

13 경청의 필수 자질은 참을성이다

자기 이야기를 잘 들어 주는 사람에게는 호감을 느끼기 마련이다.
경청의 중요성을 과소평가하지 말자.

의사소통을 잘하기 위해서는 잘 듣는 것이 중요하다. 영업이나 비즈니스 협상에서 대화가 끊어지지 않게 하려고 자기 이야기를 이어가는 경우가 있다. 하지만 카네기는 청자로 돌아가서 상대방의 이야기를 주의 깊게 듣는 것이 중요하다고 말한다. 누구나 자기가 하는 이야기에 흥미를 느끼고 진심으로 경청하는 좋은 청자를 원한다.

내 이야기를 하기보다 상대방의 이야기를 듣자

영업이나 협상에서 대화가 끊긴다면 반성해야 한다.

상대방이 말하도록 유도하는 것이 무엇보다 중요하다

영업이나 사업 관련 대화에서는 자기 이야기를 먼저 꺼내야 한다고 믿는 사람들이 있다. 하지만 절대 그렇지 않다!

상대방을 설득하고 싶은 욕심 때문에 중간에 말을 가로막거나, 화제를 자기 쪽으로 돌리는 행위는 오히려 역효과를 낳는다. 특히, 영업 관련 대화에서 고객에게 그렇게 하면 설득은커녕 외면만 당할 뿐이다. 처음에는 무조건 상대방의 이야기를 잘 들어야 한다. 상대방이 하고 싶은 이야기를 마음껏 하게 두는 것이다. 만약 묻고 싶은 것이 있다면 상대방의 말을 끊지 않는 타이밍을 잘 노려서 센스 있게 질문해야 한다. 하고 싶은 말을 모두 마친 상대방은 분명 내 이야기도 들어 줄 것이다.

내가 말할 차례가 될 때까지 기다리자!

14 자기 자랑은 시기와 질투를 유발한다

다른 사람이 나를 질투할 수도 있다. 다만 내가 느끼지 못할 뿐이다.
그러니 평소에 최대한 겸손하게 행동하자.

'샤덴프로이데(Schadenfreude)'는 독일어로 다른 사람의 불행과 고통, 실패를 보면서 기쁨을 느끼는 감정을 표현하는 말이다. '타인의 불행을 나의 행복'으로 느끼는 사람은 시대를 막론하고 전 세계적으로 많이 존재한다. 불필요한 시기와 질투의 대상이 되지 않으려면, 자기 자랑을 삼가고 겸손하게 행동해야 한다.

자기 자랑에 주의하자

윗사람이나 고객의 칭찬에 기쁜 나머지
회사 동료들에게 자랑한다.

해외여행, 고급 레스토랑에서의
식사 사진을 SNS에 게시한다.

타인의 미움, 시샘, 질투, 험담을
유발하는 자기 자랑은 나에게도
이득이 되지 않는다!

다른 사람이 가벼운 마음으로 올린
사진, '좋아요'와 '팔로워' 수를 보고
질투를 느끼는 사람도 있다.

카네기는 에드워드 하우스 대령이 몸소 실천한 겸양의 미덕을 예로 들어 설명한다. 대령은 윌슨 대통령 재임 동안 국내외로 막강한 영향력을 발휘하던 사람이었다. 윌슨 대통령은 하우스 대령과의 독대 자리에서는 대령의 제안을 탐탁지 않아 했으면서도 막상 정책을 발표할 때는 대령의 발상을 자기 생각인 양 말하는 경우가 종종 있었다. 그래도 대령은 그것이 자신의 발상임을 주장하지 않았고, 공식적으로 대통령이 인정받도록 겸손하게 양보했다. 대령이 원한 것은 명예가 아니라 결과였기 때문이다.

전면에 나서지 말고 눈에 띄지 않게 몸을 낮춘다

직장에서는 자기 자랑으로 비칠만한 이야기를 자제하자.

좋은 소식이지만, 잠자코 있어야지.

자랑한다고 여겨지면, 나만 손해야.

신뢰 관계가 확실한 가족이나 가장 친한 친구에게만 이야기하자.

오늘 부장님한테 칭찬받았어요!

잘됐네!

열심히 했으니까.

SNS는 불특정 다수의 시선에 노출되는 공공 장소라고 생각하자.

SNS에 자랑하는 사진은 그만 올려야겠다.

아무 말 하지 않는 것도 좋은 방법이다

SNS로 인해 지인의 질투와 시샘을 받는 것 외에도 타인의 적나라하고 무자비한 비방이 직장까지 퍼져 피해를 보는 안타까운 상황이 발생하는 경우도 있다.

15

상대방에게 정답을 강요하지 말고 스스로 생각했다고 착각하게 만든다

내 의견을 상대방이 마치 자기 발상인 양 착각하게 만들면 설득이 쉬워진다.

인간은 자아가 싹트는 순간부터 아무리 어린 나이라도 자기 의사로 결정하고 싶어 한다. 그렇기 때문에 타인이 규칙을 강요하거나 강제로 행동을 제한하면 거부감과 반발심을 느낀다. 반면, 자기가 선택한 것에는 애착과 높은 만족도를 느낀다. 다른 사람을 설득하려면 상대방이 결정하도록 유도하는 것이 중요하다는 점을 꼭 기억하자. 특히 영업에 있어서는 고객 스스로 결정했다고 생각하도록 만들어야 한다.

'스스로 결정했다'고 생각하게 만드는 것의 중요성

영업 현장에 새로운 서비스를 도입하자고 제안하는 사례

담당자는 협상 막바지까지 서비스에 관해 설명했다.

채택할지 말지는 별개로 하시고…

네. 그건 맞아요.

저희가 제안한 서비스는 효과적이라고 느껴지시나요?

상대방이 확인하고 생각하게 한다

사람들은 스스로 생각하고 결정하기를 원한다. 장시간 그저 듣게만 하는 일방적인 설명을 지양하고 적당한 순간에 질문과 확인을 주고받자.

필요한 물건을 사러 매장을 방문한 상황을 떠올려 보자. 직원이 제품에 관해 너무 유창하게 설명하면, 꼭 사야 할 것 같은 분위기로 몰아가는 기분이 들어서 되려 구매 의욕이 떨어진다. 영업 현장이라면, 고객이 '고민해서 구매를 결정했다'고 생각하게 만드는 소통의 기술이 필요하다. 직원에게 업무를 지시하는 상황이라면, 직원이 '자발적으로 그 업무를 선택했다'고 생각하게 만드는 요청의 기술이 필요하다. 사람은 명령이나 강제가 아닌, 자발적으로 선택했다고 느낄 때 의욕이 생긴다.

인간은 '스스로 생각하고 결정하는 것'을 중요하게 여긴다

일단 예산과 규모 면에서 무리가 있는 제안을 최적안보다 먼저 제시한다.

거절을 결정하게 하여 기분이 좋아진 상대방에게 최적안을 제시하면 거래가 성사되기 쉬운 상황으로 전환된다.

구체적으로 제안드리자면, 얼정액 1,200만 원의 특별 패키지는 어떠신가요?

그럼, 얼정액 500만 원의 실속 패키지는 어떨까요?

1개월에 1,200만 원은 예산 초과라서 어려워요.

그러면 예산 범위 안이라 수용 가능합니다.

선택지를 제시한다

나는 이야기의 줄거리를 만들고, 결말은 상대방이 결정하게 한다. 업무협상은 물론이고 프로젝트 담당자를 정하는 경우에도 사전에 선택지를 준비해 그중에서 결정하도록 하면 진행이 원활해진다.

16

남보다 뛰어나고 싶은 경쟁심을 불러일으킨다

실적 부진에서 벗어나고 싶다면 임금 인상 보다 직원의 동기 부여에 초점을 맞춰야 한다.

미국의 저명한 사업가 찰스 슈와브는 직원들의 의욕을 북돋우기 위해서 경쟁심을 자극했고, 원하던 실적 향상으로 이어졌다. 이를 두고, 슈와브는 다음과 같이 말했다. "직원을 의욕적으로 만드는 방법은 임금 인상이 아니라, 남보다 뛰어나고 싶은 욕구를 자극하는 것이다." 직원들이 서로 경쟁하는 과정에서 열망이 커지고 좋은 결과로 이어진 것이다.

철강 재벌이 공장의 생산성을 높이기 위해 취한 전략

19~20세기에 걸쳐 활약한 미국의 철강 재벌 찰스 슈와브의 전략은 무엇이었을까?

경쟁심이라고 하면, 다른 사람을 밟고 사리사욕을 위해 달리는 이미지를 떠올리는 사람도 있을 것이다. 여기서 말하는 경쟁심은 자신을 성장시키고 싶은 의지를 의미한다. 뛰어난 리더나 경영자는 조직 구성원과 직원들의 경쟁심을 적절히 끌어낼 줄 안다. 적절한 순간을 가늠하고, 상대방이 원하는 말로 격려하기 때문에 직원들도 리더의 바람에 부응하게 되는 것이다.

승부욕을 자극하여 자기 성장을 독려한다

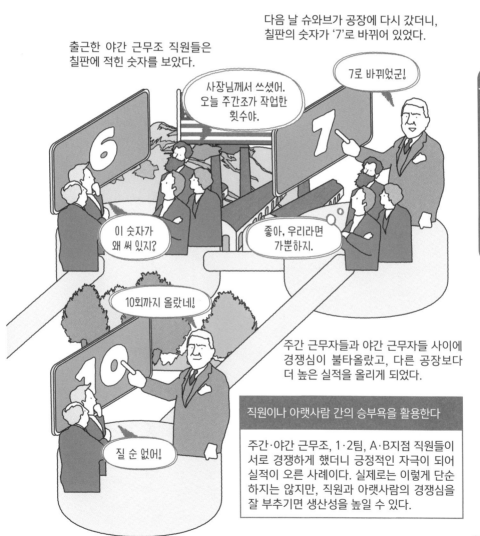

다음 날 슈와브가 공장에 다시 갔더니, 칠판의 숫자가 '7'로 바뀌어 있었다.

출근한 야간 근무조 직원들은 칠판에 적힌 숫자를 보았다.

7로 바뀌었군!

사장님께서 쓰셨어. 오늘 주간조가 작업한 횟수야.

이 숫자가 왜 써 있지?

좋아, 우리라면 가뿐하지.

10회까지 올랐네!

주간 근무자들과 야간 근무자들 사이에 경쟁심이 불타올랐고, 다른 공장보다 더 높은 실적을 올리게 되었다.

질 순 없어!

직원이나 아랫사람 간의 승부욕을 활용한다

주간·야간 근무조, 1·2팀, A·B지점 직원들이 서로 경쟁하게 했더니 긍정적인 자극이 되어 실적이 오른 사례이다. 실제로는 이렇게 단순하지는 않지만, 직원과 아랫사람의 경쟁심을 잘 부추기면 생산성을 높일 수 있다.

17 도전 의식을 자극하면 의욕이 솟아난다

우수한 인력을 영입하기 위해 기업은 어떤 전략을 세워야 할까?

파이어스톤 타이어 앤 러버의 창립자 하비 파이어스톤은 에디슨, 헨리 포드와 함께 20세기 전반, 미국의 자동차 산업을 이끈 경영자이다. 그는 "우수한 인력을 확보하기 위해 필요한 것은 능력에 따른 보수에 국한되지 않는다. 의욕적으로 도전할 기회를 만들어 주는 것이 중요하다."라는 말을 남겼다. 우수한 사람은 도전을 통해 자신의 존재 가치를 실감한다. 인재가 투지를 불태우게 만드는 방법은 도전할 기회를 제공하는 것이다.

주체적으로 일할 수 있도록 지원한다

아이디어와 의견을 자유롭게 제안할 수 있는 환경을 조성한다.

경영자의 생각을 강요하지 말고, 직원 스스로 생각할 수 있도록 제안한다.

우수한 사람들은 공통적인 특성이 있다. 포부와 향상심을 가지고 있으며, 무언가에 도전하고 난관을 극복해 낼 때 의욕이 넘친다. 이러한 욕구를 충족할 수 있는 기회를 주면, 그들은 역량을 충분히 발휘하고 유능하게 업무를 수행한다. 또한, 자유롭게 발언할 수 있는 분위기를 만들어 주는 것도 의욕을 높이는 데 중요한 요소이다.

향상심을 지닌 사람의 의욕을 자극한다

회의는 '심리적 안전성'이 높은 환경에서 한다

'심리적 안전성'이란, 자신의 의견과 생각이 받아들여지면 안심하고 발언할 수 있는 상태를 말한다. 심리적 안전성이 높은 환경에서 이루어지는 회의는 생산성 향상으로 이어지는 것으로 주목받고 있다.

카네기 칼럼

No. ③

카네기 교실은
'고민 해결 실험실'

카네기가 56세에 출판한 《자기관리론》은 《인간관계론》과 더불어 카네기의 대표 저서로 꼽힌다. 사람들이 안고 있는 고민의 원인을 객관적으로 분석하고 이를 해결하는 실질적인 방법을 검토하는 내용이다.

YMCA 야간 화술 강사로 재직하던 시기에 카네기는 수강생들의 다양한 고민을 접하게 되었고, 해결 방법을 제시하는 과정에서 영감을 얻어 이 책을 저술하게 된다.

YMCA에서 만난 수강생들은 이미 사회적으로 경력을 쌓은 영업사원들이 대다수였기 때문에 수준 높은 강의가 요구되었다. 말하자면, 보수는 낮고 과업은 높은 셈이었다. 카네기는 이에 굴하지 않고 좋은 강의를 위해 필사적으로 노력을 거듭했다. 수강생들의 강의 만족도를 높이기 위해 강의마다 새로운 요소를 도입했다. 그렇게 노력한 결과, 그의 강의에 대한 좋은 평판이 점차 퍼져나갔고, 강사 시작 2년 만에 독립하여 자체 연구실을 설립할 수 있을 정도로 명성이 높아졌다.

인기 강사가 된 카네기는 수강생들과 대화를 나누면서 사람들이 화술뿐만 아니라, 타인에게 영향력을 발휘하는 방법, 의욕적으로 사는 방법 등 다양한 고민을 안고 살아간다는 사실을 깨닫게 된다. 그 점에 착안하여 영감이 떠올랐고, 수강생들과 함께 고민에 대처하는 방법을 모색하는 강의를 개설하기로 한다. 수강생들과 대화하고 교류하는 것 외에도 연구 자료와 전문 서적을 탐독하면서 논리적인 해결책을 찾기 위해 전력을 다했다.

　그리고 강의를 진행하면서, 사람들이 품고 있는 고민의 근본 원인과 실천적인 해결 방법을 모색할 수 있었다. 그에게 있어 강의실은 '실험실'과 마찬가지였다. 그 '실험'의 성과를 정리한 책이 바로《자기관리론》이다.

　카네기는 수강생들의 고민을 해결해 가는 경험을 통해, 문제의 본질을 객관적으로 파악하고 분석했다. 그의 책이 전 세계적으로 사랑받는 이유는 그 내용이 실제 경험과 이론, 양측에서 도출된 방법론이며 강한 설득력을 지니고 있기 때문일 것이다.

리더십의 기술

Chapter

4

DALE CARNEGIE
VISUAL NOTES

아랫사람이나 후배를 어떻게 육성해야 할지 고민하게 될 때가 있다. 카네기는 먼저 상대방을 인정하고 면밀히 관찰하여 평가하는 것이 중요하다고 생각했다. 직장 내 상하관계 문제로 고민하는 사람이라면 반드시 읽어야 할 내용이다.

01

누군가의 마음을 얻으려면 칭찬의 말부터 시작하라

아랫사람에게 업무를 가르칠 때는 먼저 칭찬부터 한다.
칭찬을 들은 사람은 지시에도 기꺼이 귀를 기울일 것이다.

윗사람으로써 업무를 가르치고, 근태를 지도하는 상황에서도 상대방의 마음을 얻는 기술이 있다. 잘한 점을 항상 먼저 칭찬하는 것이다. 예를 들어, 아랫사람에게 기획서를 수정하여 다시 제출하라고 지시할 때는 기존 기획서의 좋은 점을 먼저 칭찬한다. 장점을 인정받았다는 기쁨이 있기에 수정 지시에 대해서 진정성 있게 듣고 따를 것이며, 더 나은 아이디어를 제안할 수도 있다.

내가 칭찬 한마디만 해도 상대방은 마음을 연다

아랫사람이 잘한 부분을 먼저 칭찬하고
지시 사항을 전달하면 흔쾌히 따른다.

기획서 정리 잘했네.
다만 이 부분은 수치 오류가 있어.
수정하면 좋을 거 같아.

네!

아, 지겨워.

숫자 하나도
제대로 못 맞춰?
꼼꼼하게 좀 봐!

부족한 점을 지적하고 꾸짖기만 하는
윗사람에 대해서는 반발심이 싹튼다.

카네기는 사업가 찰스 슈와브를 본보기로 들어 설명한다. 공장을 방문한 슈와브는 직원들이 공장 금연 구역에서 담배를 피우고 있는 장면을 목격했다. 그는 직원들을 불러서 꾸짖는 대신, 시가를 건네며 공장 밖에서 피울 것을 권했다. 규칙 위반 현장을 대표에게 들킨 직원들은 놀라고 민망했을 것이다. 그런데도 자신들에게 수치심을 주지 않고 관대하게 규칙을 일깨워준 슈와브의 품위 있는 태도에 감동했다.

수치심을 느끼고 있는 상대방에게 관대하게 대한다

사업가 찰스 슈와브는 직원들이 금연 구역에서 담배를 피우고 있는 장면을 목격했다.

이건 밖에서 피워주게나.

금연 구역이라고 쓰여 있잖아! 글자 못 읽어?

직원들에게 수치심을 주고 꾸짖었다면 슈와브는 존경받지는 못했을 것이다.

슈와브는 직원들에게 시가를 건네면서 품위 있게 암묵적 주의를 주었다. 잘못된 행동을 들켜 불안하고 민망한 직원들은 그런 슈와브의 관대함에 감동했다.

02 먼저 나를 낮추면, 상대방도 지적을 받아들인다

상대방의 실수를 지적해야 할 때, 잠시 멈춰 서서 나는 전에 그와 같은 실수를 한 적은 없었는지 한 번 되돌아보자.

잘난 체하지 않고 나를 낮추는 태도로 이야기하면, 상대방도 자신이 지적받는 이유를 이해하고 받아들이게 된다. 예를 들어, 아랫사람의 문제를 지적해야 할 때, 과거에 나 역시도 비슷한 실수를 한 적은 없었는지 되돌아보자. 만약 나도 그런 경험이 있었다면 "나도 예전에 비슷한 실수를 했었는데, 이렇게 하면 좋을 것 같다."라며 내 경험을 바탕으로 조언을 건네자. 그럼, 상대방도 순수한 마음으로 조언을 받아들일 수 있게 된다.

내가 겸허하면 아랫사람과의 관계가 원만해진다

아랫사람이 실수하면, 겸허한 태도로 자신도
비슷한 실수를 저지른 적은 없었는지 되돌아보자.

카네기는 고대 중국의 철학자 노자의 말을 인용하여 겸허함의 중요성을 설명한다. 노자는 "무수히 많은 산골짜기 시냇물이 강과 바다로 흘러드는 것은 강과 바다가 산보다 낮기 때문이다. 현자가 사람들 위에 서려면 몸을 사람들 밑에 두어야 한다."고 말했다. 카네기는 노자의 가르침을 통해 리더 본연의 덕망과 태도를 깨달았다.

나의 실수를 되돌아봄으로써 아랫사람의 우수함을 깨달을 수도 있다.

나의 실수를 고백하면 상대방은 나의 조언도 진정성 있게 받아들인다.

03 '명령'보다 '제안'으로 상대방의 자존심을 지켜준다

'이래라, 저래라'는 식의 지시는 상대방의 자존심을 훼손할 위험이 있다.

리더가 사람을 모으고 운용하는 능력이 부족하면, 일이 순조롭게 풀리지 않는 법이다. 업무가 효율적으로 진행될 수 있도록 적재적소에 인력을 배치하고 체계적으로 관리·운영하는 일을 매니지먼트라고 한다. 비즈니스 세계에서는 뛰어난 매니지먼트 역량을 소유한 사람이 훌륭한 리더로 평가받는다. 카네기는 인재를 모으고 효과적으로 운용하기 위해서는 명령보다 제안을 활용하라고 권한다.

명령은 상대방의 자존심을 훼손한다

명령형으로 지시하면, 상대방은 자존심 상할 수 있다.

같은 일을 A와 B, 두 사람에게 지시하는 상황을 가정해 보자. A에게는 "XX를 해."라고 명령하고, B에게는 "XX를 해보면 어떨까?"라고 제안했다. 명령받은 사람과 제안받은 사람이 느끼는 감정은 상당히 다를 것이다. 이는 두 사람의 동기부여에도 각기 다른 영향을 미치고, 성과에서도 차이가 생긴다. 자존심을 존중해 주는 제안을 받은 B는 긍지를 가지고 자신감 있게 과업을 수행할 것이다.

제안은 상대방의 자존심을 지켜준다

제안형으로 이야기하면, 상대방은 자발적으로 방법을 생각하고 이는 성장으로 이어진다.

04 상대방이 수치심을 느끼지 않도록 체면을 지켜준다

공개적인 자리에서 아랫사람이나 후배를 꾸짖으면 안 된다. 모멸감과 수치심을 느낀 사람은 '나는 잘못이 없다'고 정당화하게 된다.

공적이든 사적이든 사람들과 좋은 관계를 유지하려면, 상대방에게 모멸감과 수치심을 주지 않도록 말과 태도에 주의해야 한다. 상대방의 실수나 잘못된 점을 지적할 때도 마음을 다치지 않도록 신중하게 전달하자. 창피당한 사람은 앙심을 품게 되고 비협조적으로 돌아선다. 이는 결과적으로 큰 불이익을 초래하게 된다.

공개 장소에서 혼내면 상대방의 체면이 깎인다

모두가 보는 앞에서 혼난 사람은 망신당했다는 기분에 수치심과 분노를 느낀다. 그리고 자신을 꾸짖은 사람에게 반감을 품고 비협조적으로 돌아선다.

팀 전체에 가르침을 주겠다는 명목으로 모두가 있는 자리에서 한 사람을 꾸짖는 행위는 절대 금물이다. 공개적으로 지적을 당한 사람의 입장에서는 체면이 깎였다고 느끼기 마련이다. 그러면, 자존심을 지키기 위해서라도 자기 잘못을 정당화하고, 순순히 반성하지 않게 된다. 상대방의 반성을 촉구할 일이 있다면, 반드시 일대일로 이야기하자. 그러면 상대방도 의도를 이해하고 진지하게 받아들일 것이다.

상대방이 반드시 고쳐야 할 점이 있다면 일대일로 이야기한다

자네의 이런 점은 문제가 될 수 있어.

앞으로 조심하겠습니다.

상대방의 잘못을 지적하고 반성을 촉구해야 할 때는 반드시 단둘이 이야기한다. 그래야 자기 잘못을 깨달을 가능성이 커진다.

앞으로 조심해야지.

상품은 적당히 만들어도 고객은 잘 몰라.

과장님도 저렇게 생각하고 있었나….

다른 사람의 잘못을 공개적으로 지적하지 않는 것이 원칙이지만, 회사 방침에 위배되거나 차별적인 발언 등에 대해서는 그 즉시 주의를 주지 않으면 묵인한 것으로 오해받을 위험이 있다.

05

입지가 약해진 사람일수록 체면을 지켜준다

누군가의 마음을 얻고 싶다면 체면을 지켜주자.
입지가 약해진 사람에게는 더 그래야 한다.

조직을 운영하다 보면, 힘든 결정을 내려야 하는 상황에 직면할 수 있다. 조직에 기여한 공로가 있는 이를 해임해야 하는 상황을 가정해 보자. 그럴 때는 상대방이 체면을 지킬 수 있도록 마음을 써야 한다. 만약 직위를 해제한다면 새로운 직위를 부여한다. 공로자의 체면을 지켜주는 면모를 보이고, 조직 운영을 원활하게 운영하는 방법을 모두 고민해야 한다.

상대방의 체면을 지켜주면 조직 운영도 원활해진다

찰스는 부서장 직에 부적합합니다.

하지만 찰스가 기술직에 있을 때 우리 회사에 큰 공로를 세운바 있어.

컨설팅 엔지니어로 기술 부분에서 더 힘써주게.

알겠습니다!

제너럴 일렉트릭 컴퍼니는 찰스 스타인메츠를 부서장 직책에서 해임해야 할 상황에 놓였다. 그가 회계에 매우 취약했기 때문이었다. 경영진은 기술 공로자였고 예민한 그의 체면을 지켜주면서 인사 이동할 방법을 고민했다.

경영진은 스타인메츠를 컨설팅 엔지니어라는 새로운 직책에 임명했다. 스타인메츠는 흡족하게 받아들였고, 회계부장 자리를 후임에게 맡겼다.

카네기는 입지가 약해진 사람의 체면을 지켜주는 것이 얼마나 중요한지 역사적 사례를 들어 설명한다. 제1차 세계대전 후, 튀르키예는 자국을 침공한 그리스 군에 대항하여 대규모 전투를 벌였고 승리를 거두었다. 튀르키예 국민들은 투항한 그리스 장군들에게 격분하여 저주를 퍼부었지만, 튀르키예의 장군은 관대하게 그들을 용서했다. 그 관대한 장군은 튀르키예 공화국의 초대 대통령 무스타파 케말이었다.

진정한 승자는 패자의 체면을 지켜주는 법이다

그리스-튀르키예 전쟁
1919년 제1차 세계대전이 끝난 후, 그리스가 튀르키예를 침공했고 대규모 전쟁이 일어났다. 1922년, 튀르키예는 그리스를 격퇴하고 완전한 승리를 거두었다.

무스타파 케말

튀르키예의 장군이었던 무스타파 케말은 투항한 그리스 장군들의
상실감을 공감하고 체면을 지켜주는 대인배의 면모를 보였다.

06

기대를 받는 사람은
그에 부응하기 위해 노력한다

기대와 신뢰를 받으면 그에 부응하려고 노력하게 된다. 상대방이
분발하기를 바란다면, 내가 얼마나 신뢰하고 있는지를 먼저 전하자.

야구장 타자석에 선 선수가 되었다고 상상해 보자. 관중들이 "야! 너는
어차피 삼진 아웃이야!"라며 야유하는 것보다, "안타 칠 수 있어! 잘할 수
있어!"라고 응원해 주면 훨씬 힘이 날 것이다. 상대방에게 의욕을 북돋워
주고 싶다면, '당신에게는 충분한 잠재력이 있다'는 믿음을 태도로 전해야
한다. 그럼, 상대방은 기쁜 마음을 안고 기대에 부응하기 위해 열심히 노력
할 것이다.

사람은 기대받을 때, 최선을 다한다

대다수는 자신을 향한 기대에 부응하기 위해
최선을 다한다. 스포츠 경기에서 응원하는
모습을 상상하면 그 효과를 쉽게 이해할 수
있을 것이다.

대부분의 사람은 '나에 대한 신뢰를 상실하고 싶지 않다'고 생각한다. "당신은 매사에 성실하고 정직한 사람이야."라고 말하며 신뢰하는 사람이 있다고 가정해 보자. 그러면 나를 향한 신뢰를 상실하고 싶지 않기 때문에 정직하게 행동하려고 노력할 것이다. 상대가 정직하기를 원한다면, "나는 당신이 정직하다고 믿습니다."라고 상대방에 대한 신뢰를 표현하면 된다.

사람은 타인의 신용을 중요하게 생각한다

자신을 향한 신뢰를 상실하고 싶은 사람은 거의 없다. "당신은 모든 일에 정성을 다하는 사람이군요."라며 믿어주는 사람에게는 성실하게 행동하게 된다.

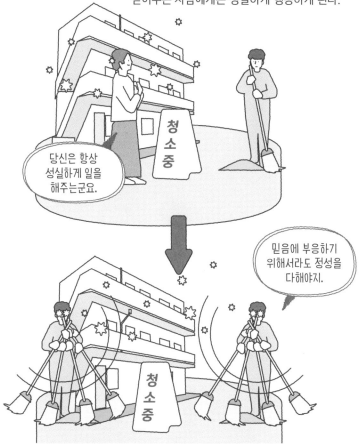

'진심을 다해 성실하게 일한다'는 신뢰를 받으면, 그 믿음에 부응하기 위해 정성을 다해 일하게 된다.

07

직함과 권한이 주어지면 기꺼이 일하게 된다

항상 불평만 늘어놓는 직원에게 직함을 주자 은근히 기뻐하며 일하게 되었다는 사례가 있다.

카네기는 상대에게 직함과 권한을 부여하면 그에 걸맞게 일하게 된다고 믿었다. 이에 대한 증거로 나폴레옹과 뉴욕 최대 인쇄 기업의 사례를 인용했다. 나폴레옹은 15,000명의 병사들에게 훈장을 수여했고, 한 대형 인쇄 기업은 불평하던 기계공에게 서비스 부문장이라는 직함을 주었다. 그러자 그들은 그에 부응하는 역할을 기꺼이 수행했다.

사람은 권위와 직함을 받으면 분발한다

나폴레옹은 프랑스 병사 15,000명에게 훈장을 수여하고 18명의 장군을 육군 원수로 임명했다. 일부에선 역전의 용사들을 장난감으로 속였다며 비난했다. 이에, 나폴레옹은 "인간은 장난감에 지배된다."고 답하며 개의치 않았다.

나폴레옹

용맹하게 싸운 병사들에게 훈장을 수여하겠다!

열심히 하겠습니다!

오늘부터 자네가 서비스 부문장일세.

대형 인쇄 기업

미국 대형 인쇄 기업 대표는 항상 불만을 토로하던 인쇄공에게 서비스 부문장이라는 직함을 부여했다. 이후, 그는 근로 조건이 변하지 않았는데도 불평을 멈췄다.

카네기는 직함 부여의 효과에 대한 또 다른 사례를 소개한다. 한 여성은 집 앞 잔디밭을 항상 망가트리는 불량소년들 때문에 곤란을 겪고 있었다. 어느 날 그녀는 묘안을 떠올렸다. 우두머리 격인 소년을 불러 '형사'라는 직함을 준 것이다. 그 후, 소년은 잔디밭에 들어오는 아이들을 거세게 위협하며 단속하기 시작했다. 이 사례를 통해, 사람은 권위와 직함이 주어지면 그에 걸맞게 행동하게 된다는 것을 알 수 있었다.

불량 소년에게 직함을 주어 내 편으로 만들다

집 앞 잔디밭을 엉망으로 훼손하는 불량소년들 때문에 곤경에 처한 여성이 있었다.

오늘부터 너를 형사로 임명할게. 잔디밭에 무단침입하는 애들을 단속해 줄래?

그녀는 우두머리 소년을 불러 '형사' 직함을 부여했다.

야! 너네들 잔디밭에 들어가면 가만 안 둔다!

형사 직함을 받은 소년은 다른 아이들이 잔디밭을 훼손하지 못하도록 단속했다.

08 상대방에게 관심을 보이면 좋은 인상을 남길 수 있다

다른 사람에게 좋은 인상을 남기는 비결은 상대방에게 관심을 보이는 것이다.

'모든 이에게 공평하게 대하자'고 다짐해도, 인상이 좋은 사람과 인상이 나쁜 사람을 대하는 태도는 달라지기 마련이다. 그러니 나 역시도 상대방에게 좋은 인상을 남겨야 소통이 원활해지고, 상대방도 나의 요청에 대해 의욕적으로 화답할 것이다.

사람들은 자기에게 관심을 주는 사람에게 호감을 느낀다

나에게 관심 없는 사람에게 호감을 느끼기는 어렵다.

좋은 인상을 남기는 확실한 방법은 상대에게 관심을 표현하는 것이다. 취업 면접 자리에서, "사실, 이 회사에 대해서 잘 모릅니다."라고 말하는 지원자보다 "이 회사는 이런저런 점에서 경쟁력이 높다고 생각합니다."라고 말하는 지원자가 면접관에게 좋은 인상을 줄 가능성이 훨씬 높다. 관심을 표현하면 좋은 인상을 남길 수 있다.

채용 면접관도 '관심'의 정도를 본다

깊은 관심을 보이는 사람이 좋은 인상을 남기는 법이다.

09 칭찬은 사람의 능력을 키워주는 힘이다

아랫사람을 지도할 때, 칭찬의 힘을 간과하면 안 된다.
칭찬은 사람의 의욕을 끌어내는 원동력이기 때문이다.

아랫사람과 후배에게 일을 지도할 때 가장 중심에 두어야 할 것이 있다. '상대방의 입장에서 생각한다', '효율적인 노하우를 알려준다' 등도 물론 중요하지만, 핵심은 '칭찬한다'이다. 가르치는 데 몰두하느라 칭찬을 잊어서는 안 된다. 상대방이 조금이라도 진전을 보이면 진정성 있게 칭찬하자. 칭찬받으면 기분이 좋고, 의욕이 솟는다. 그것이 더 큰 발전으로 이어지는 성장 동력이 된다.

조금이라도 진전을 보이면 칭찬한다

카네기는 피트 발로라는 서커스 단장과 친구였다.
그래서 종종 그의 개 훈련장에 방문하곤 했다.

발로는 개들에게 재주를 가르칠 때,
조금이라도 진전이 있으면 칭찬하고
보상을 주었다.

지금부터
훈련을
시작하자!

점프!
잘했어!

역사적으로 길이 남을 업적을 세운 위인들 역시 칭찬의 효과를 잘 알고 있었다. 그들 중 상당수는 무명 시절에 누군가로부터 칭찬받은 경험이 있었다. 그들이 좌절을 극복하고 잃어버린 자신감을 되찾게 된 계기는 누군가의 칭찬이었다. 상대방의 성장을 바란다면 훈계하기보다 칭찬하자.

칭찬을 받으면 개도 기뻐하며
어려운 재주를 해 낸다.

와, 서서
원통을 굴렸잖아.
굉장하구나!!

잘한다! 잘해!
원통을 정말 잘
굴리는구나!

10 인간은 가진 능력의 절반밖에 사용하지 못한다

전설의 테너로 칭송받는 엔리코 카루소는 어머니의 격려 덕에 재능을 키워갈 수 있었다.

오페라 역사상 가장 유명한 테너 가수로 평가받는 엔리코 카루소 역시 칭찬의 힘으로 재능을 꽃피울 수 있었다. 소년 시절, 카루소는 교사로부터 노래를 못한다는 비판을 듣고 자신감을 잃었다. 그러나 어머니는 아들의 재능을 믿었고, "너는 훌륭한 가수가 될 수 있다."며 격려했다. 그 덕에 카루소는 진로를 포기하지 않았고, 결국 성공한 인생을 거머쥘 수 있었다.

격려와 칭찬을 받았기 때문에 훌륭한 가수가 되었다

엔리코 카루소를 가르친 첫 번째 교사는 그에게 노래를 못한다며 비난했다.

카루소는 자신감을 잃게 된다. 그러나 어머니는 "너는 훌륭한 가수가 될 수 있다."며 그를 격려했다.

그는 다른 교사의 지도하에 연습을 이어갔고, 결국 오페라 역사에 기록될 위대한 테너 중 한 명이 되었다.

카루소가 자신의 재능을 꽃피울 수 있었던 이유는 무엇일까? 심리학자이자 철학자인 윌리엄 제임스는 "인간은 다양한 능력을 갖추고 있지만, 그 절반도 사용하지 못한다."고 말한다. 카루소 역시 초창기에는 가수로서의 재능이 각성하지 않았다. 그러나 그의 어머니는 아들의 잠재력이 꾸준히 진보하고 있음을 감지했을 것이다.

인간이 가진 재능의 반은 사실 잠든 상태이다

카네기는 심리학자이자 철학자인 윌리엄 제임스의 "인간의 능력은 절반밖에 깨어나지 않았다."는 말을 인용하며 말한다. "모든 사람은 스스로 깨닫지 못했을 뿐, 여전히 가능성을 간직하고 있다."

윌리엄 제임스

모든 사람은 깨닫지 못했을 뿐, 많은 가능성을 가지고 있다.

11 칭찬으로 인생이 바뀌고 위대한 작가가 되다

영국의 국민 작가 디킨스와 SF의 아버지로 칭송받는 웰스, 두 사람 모두 자신의 재능을 인정해 주는 사람과의 만남 덕에 인생이 바뀌었다.

위대한 작가 찰스 디킨스와 허버트 조지 웰스, 그들의 인생을 바꾼 것은 칭찬이었다. 《크리스마스 캐럴》, 《올리버 트위스트》 등의 뛰어난 작품으로 국민 작가 반열에 오른 디킨스는 과거 열악한 출신 환경 때문에, 작가의 꿈을 품고 있었음에도 자신감이 부족했다. 그러나 그의 작품을 읽은 한 편집자의 칭찬에 용기를 내었고 자신의 책을 출판하게 된다. 재능을 알아봐 준 사람 덕분에 큰 성공을 거뒀다고 할 수 있다.

다락방에서 고단한 삶을 이어가던 영국의 국민 작가

먹고 살기도 힘든데, 작가가 될 수 있을까?

디킨스는 가난한 집안 형편 때문에 학교를 4년밖에 다닐 수 없었다. 그는 창고에서 일하면서 다른 소년들과 함께 다락방에서 살았다.

찰스 디킨스

영화로도 수없이 제작된 《크리스마스 캐럴》, 《올리버 트위스트》로 알려진 영국 국민 작가이다.

해냈다~!

당신은 재능이 있어요. 출간해 봅시다.

한밤중에 몰래 출판사에 찾아가 원고를 놓고 오는 날들이 이어졌고, 한 편집자의 눈에 띄면서 출판이 결정되었다.

영국 출신 과학 소설 작가, 허버트 조지 웰스는《타임머신》,《투명인간》, 《우주전쟁》 등을 집필했으며, SF의 아버지로 칭송받는다. 그런 그도 젊은 시절에는 중노동에 시달리며 생계를 걱정하는 삶을 살았다. 삶의 희망을 잃어가던 어느 날 모교 교장을 만나 자신의 아픈 심정을 토로했다. 교장은 그의 문장력을 높이 평가했고 교사로 채용했다. 웰스는 자신의 재능을 인정한 사람으로부터 칭찬과 격려를 받고 자신감을 되찾을 수 있었다.

고단한 삶에 절망한 SF의 아버지

차라리 죽는 편이 더 낫겠어요…!

웰스는 견습생으로 일하면서 너무 힘들고 절망한 나머지 어머니에게 울부짖었다.

제대로 된 직장을 다닐 수 있다니!

자네의 문장력은 정말 훌륭해!

웰스의 모교 교장은 그의 문장력을 높이 평가하며 교사로 채용했다.

허버트 조지 웰스

SF의 아버지로 칭송받는 과학 소설의 대가이다.《타임머신》, 《투명인간》,《우주전쟁》 등의 작품을 집필했다.

12 칭찬은 범죄자도 협조하게 만든다

아랫사람의 성장을 바란다면 혼을 내거나 꾸짖는 것은 그다지 권장할
만한 방법이 아니다. 꾸지람을 들으면 의욕을 잃기 마련이다.

카네기는 뉴욕 싱싱 교도소 소장 루이스 로즈의 말을 인용하여 칭찬의
중요성을 이야기한다. 로즈에 따르면, 교도소에 수감된 범죄자들도 엄하게
압박하는 사람보다 칭찬하는 사람에게 협조할 가능성이 더 크다고 한다.
범죄자는 엄중하게 다스려야 순응한다는 생각이 옳지 않음을 경험을 통해
깨달은 것이다.

범죄자도 칭찬받으면 순응한다

흉악범 집중 수용소로 알려졌던 뉴욕 싱싱 교도소 소장 루이스 로즈는 교도관들에게 수형
자들을 칭찬하라고 지시했다. 칭찬이 수형자의 협력을 끌어내는 가장 효과적인 방법임을
알았기 때문이다.

상대가 누구든지, 훈계보다 칭찬이 더 높은 동기 부여 효과를 발휘한다. 칭찬은 상대방을 우쭐하게 만든다고 염려하는 사람도 있지만, 꾸중을 들으면 의욕을 잃는다. 인간은 감정적인 동물이다. "이런저런 부분이 틀렸어!"라고 꾸짖으면, 아무리 논리적으로는 맞는 말이라도 긍정적인 기분이 들지 않는다. 칭찬으로 상대방의 노력을 끌어내는 것이 중요하다.

꾸지람을 들으면 긍정적인 기분이 사라진다

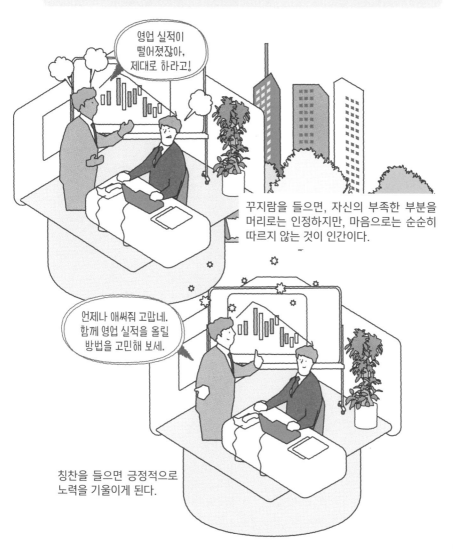

영업 실적이 떨어졌잖아, 제대로 하라고!

꾸지람을 들으면, 자신의 부족한 부분을 머리로는 인정하지만, 마음으로는 순순히 따르지 않는 것이 인간이다.

언제나 애써줘 고맙네. 함께 영업 실적을 올릴 방법을 고민해 보세.

칭찬을 들으면 긍정적으로 노력을 기울이게 된다.

13

나를 싫어하는 사람을
내 편으로 만드는 기술

직장에서 나를 싫어하는 사람과 협력해야 할 때 추천하는 기술이 있다.

나를 싫어하는 사람과 좋은 관계를 맺어야 할 때는 어떻게 할 것인가? 카네기는 벤저민 프랭클린의 방법을 추천한다. 프랭클린은 자신을 싫어하는 사람에게 부탁할 구실을 만들어서 일부러 찾아갔다. 그리고 상대방의 협조에 정중하게 감사를 표함으로써 상대방의 허영심을 만족시켜 주었다. 프랭클린은 그렇게 서서히 적을 자기편으로 만들어 갔다.

칭찬으로 상대방의 마음을 흡족하게 한다

미국의 외교관이자 기상학자인 벤저민 프랭클린은 주 의회 유력 인사의 미움을 받고 있었다.

훌륭한 책들을 소장하고 계신다고 들었습니다. 정말 부럽습니다.

네, 뭐. 안녕하시죠?

프랭클린은 그 사람에게 일부러 책을 빌렸고, 정중한 감사 편지와 함께 책을 돌려주었다.

별말씀을 다 하십니다.

감사 인사에 기분이 좋아진 상대방은 프랭클린에게 협조했다.

카네기는 작가 엘버트 허버드가 자신을 싫어하던 사람들을 자기편으로 만든 기술을 소개한다. 신랄한 글로 세상에 논란을 일으키던 허버드는 한 독자로부터 항의 편지를 받았다. 그는 의견을 들려주어서 매우 기쁘게 생각한다는 내용의 정중한 답장을 독자에게 보냈다. 상대방의 의견을 긍정적으로 수용한다는 답변을 보냄으로써 자신에게 비판적이었던 독자의 생각도 바뀌게 되었다.

상대방의 비판에도 긍정적으로 대응하면 내 편이 된다

당신이 쓴 글은 틀렸어요!

미국 작가 엘버트 허버드는 독자로부터 항의 편지를 받았다.

그럴 수도 있을 것 같습니다.

허버드는 다음과 같은 답장을 보냈다. "돌이켜 보니 저도 제 글이 전적으로 옳았다고 생각할 수 없군요. 귀하의 의견을 들을 수 있어서 매우 기쁘게 생각합니다. 언제 기회가 된다면 이 주제에 관해서 함께 차분히 논의해 봅시다." 답장을 받은 독자는 더 이상 허버드를 싫어할 수 없었을 것이다.

카네기의 수강생들로부터
배움을 얻다

　카네기의 저서 《자기관리론》은 우리 삶에서 마주하는 다양한 고민에 대처하는 방법을 구체적으로 제시하고 있는데, 수강생들의 실제 사례가 많이 담겨 있다.

　카네기는 사람들의 고민이 대부분 과거에 대한 후회와 미래에 대한 불안에서 비롯된다고 생각했다. 인간은 과거를 바꿀 수 없고, 미래는 현재가 축적된 결과일 수 있다. 즉, 어찌할 수 없는 일에 대해서 조바심을 내고 애를 태우는 것이 고민의 본질이다. 그래서 카네기는 고민을 해결하는 가장 효과적인 방법은 '현재를 충실하고 바쁘게 사는 것'이라고 생각했다. 이를 실천하고 고민을 해결했던 수강생들의 사례를 살펴보자.

　한 젊은 직장인은 늘 원인 모를 불안감을 안고 살아가고 있었다. 그는 카네기의 조언대로 현재를 바쁘게 살기 위해 주 7일, 오전 8시에 출근해서 늦게까지 일하는 근무 패턴을 3개월 동안 이어갔다. 그랬더니 업무에 자신감이 생겼고 정상 근무 시간에만 일을 해도 더 이상 불안을 느끼지 않게 되었다. 걱정할 시간을 없앰으로써 불안에서 해방된 결과를 보여준 사례이다.

한 여성은 일본이 진주만을 습격한 다음 날, 하나뿐인 아들이 군에 입대하였다. 집안일을 하며 바쁘게 지내려고 했지만 소용없었고, 매 순간 아들의 안부를 걱정했다. 그래서 그녀는 육체적으로 바쁜 백화점 판매 사원으로 취직하여 새로운 일을 시작했다. 업무에 매진했다가 집에 오면 피곤해서 금세 잠이 들었고, 다른 생각을 할 여력이 없어지면서 불안한 마음이 점점 가라앉게 되었다.

한 모험가의 실화도 있다. 남극 오두막에서 홀로 5개월을 보내면서 그는 생명이 없는 세상, 얼어붙을 듯한 추위, 한밤중 같은 어둠에 압도당했다. 그렇게 목적 없는 날들을 보내다 보면 삶이 무너질 것 같았다. 그래서 그는 매일 대피용 터널을 만들고, 눈을 치우고, 부서진 썰매를 수리하고, 잠자기 전에 내일 일을 계획하는 일을 습관으로 삼았다. 그 결과 정신이 무너지지 않았고, 무사히 집으로 돌아올 수 있었다.

마음에 품고 있는 고민과 불안을 계속 떠올리다 보면 점점 눈덩이처럼 커져간다. 카네기는 이 악순환에서 벗어나는 가장 효과적인 방법은 걱정, 고민이 떠오를 여력이 없을 정도로 바쁘게 움직이는 것이라고 생각했다. 소개한 사례자들처럼 사고 과정을 조금씩 변화시키는 것이 효과적이다.

결혼 생활의 기술

Chapter

5

DALE CARNEGIE
VISUAL NOTES

배우자와의 관계 때문에 고민하는 사람이 많다. 결혼 생활이 이어지면서 함께 사는 환경이 점점 당연해지고, 상대방의 배려에 감사하는 마음을 잊기도 한다. 이 장에서 카네기는 배우자를 대하는 지혜로운 태도에 관해 설명한다.

01 간섭과 통제는 행복을 파괴한다

나폴레옹 3세는 매력적인 외제니에게 반해 그녀를 왕후로 맞이했으나,
사사건건 자신을 간섭하고 억압하는 그녀에게 싫증을 느꼈다.

나폴레옹 보나파르트의 조카, 나폴레옹 3세는 프랑스 초대 대통령이자
프랑스 제2제정의 유일한 황제였다. 그는 스페인 백작의 외동딸 외제니 드
몽티조를 황후로 맞이했다. 외제니는 미모와 교양을 겸비했으나 질투심이
강했고 의심이 많은 사람이었다. 그녀는 자유로운 영혼의 소유자였던 나폴
레옹 3세를 사사건건 간섭하고 의심했으며, 불평과 잔소리를 늘어놓았다.
나폴레옹 3세는 점점 그녀로부터 마음이 멀어졌고, 자유를 찾아 그녀 몰래
도시를 배회하거나, 다른 여자들을 만나기 시작했다.

질투심에 배우자를 속박하고 자유를 억압하다

스페인 귀족의 외동딸로 태어난
외제니는 출중한 교양과 미모로
파리 사교계의 유명 인사가 되
었고, 그녀의 매력에 반한 나폴
레옹 3세의 청혼을 받게 된다.

나폴레옹 3세는 영국 망명 시절에
만난 여배우 해리엇 하워드를 내연
녀로 두었을 뿐만 아니라, 수많은
여성과 염문을 뿌린 바람둥이로 유
명했다.

나폴레옹 3세와 외제니의 결혼 생활이 주는 교훈은 무엇일까? 질투심에서 비롯된 의심, 간섭, 잔소리는 사랑과 행복을 파괴한다. 나폴레옹 3세는 결혼을 반대하는 대신들을 향해 "나는 사랑하고 존경하는 여성을 배우자로 선택한 것이다!"라며 당당하게 선언했으나, 결국 그 사랑은 퇴색하고 말았다. 만약 외제니가 그를 억압하고 괴롭히지 않았다면, 그들의 관계는 달라졌을지도 모른다.

두 사람은 노트르담 대성당에서 결혼식을 올렸다. 당시, 나폴레옹 3세는 44세, 외제니는 26세였다.

질투와 의심에 사로잡힌 외제니는 이성을 잃다시피 했다. 나폴레옹 3세의 집무실에 쳐들어가 폭언을 퍼붓고, 내정 회의를 방해하기도 했으며, 남편의 사생활을 억압하고 자유를 박탈하려고 했다. 그러나 그런 방식으로는 나폴레옹의 마음을 돌릴 수 없었다. 그녀의 분노와 잔소리는 헛된 일이 되었다. 물론 아내를 노심초사하게 하고, 분노하게 만든 책임이 나폴레옹에게 있다는 것은 분명하다. 그렇다고는 해도 억지로 사람의 진심을 바꿀 수는 없다.

스트레스에 시달리던 외제니는 결국 아이를 유산했다. 나폴레옹 3세는 절망에 빠진 그녀를 외면했고 오만하게 굴었다.

잔소리는 불화의 원인이 된다

대문호 톨스토이의 아내 소피야는 그와 반대로 부와 명성에 집착했고
결혼 생활은 점차 불행으로 치달았다.

톨스토이는 배우자와의 불화로 인해 비참한 말로를 맞이했다. 《전쟁과 평화》, 《안나 카레니나》, 《부활》 등의 대작을 집필한 톨스토이는 부와 명성에 가치를 두지 않았다. 그러나 그의 아내 소피야는 평판과 재산에 집착했고, 사치를 수치로 여기는 톨스토이를 비난하며 거세게 몰아세우곤 했다. 아내의 비난과 잔소리를 참기 힘들었던 톨스토이는 82세에 무작정 가출을 감행한다.

부와 명성을 수치로 여긴 남편과 돈에 집착한 아내의 불화

톨스토이는 세계적인 작가 반열에 오르면서 부와 명성을 손에 넣었지만, 정작 그 자신은 부를 축적하는 행위를 수치스럽게 생각했다. 인세를 받지 않고 판권을 포기하겠다고 선언한 톨스토이를 향해 아내 소피야는 맹렬한 비난을 퍼부었다.

톨스토이는 집을 떠난 지, 11일 만에 안타깝게도 기차역에서 폐렴으로 사망한다. 소피야 입장에서는 열 명이 넘는 자녀를 부양하기 위해 남편을 몰아붙일 수밖에 없었을 것이다. 하지만 그녀의 끊임없는 잔소리가 불화를 가져온 것도 사실이다. 소피야가 죽기 전에 딸들에게 "너희 아버지의 죽음은 나에게 책임이 있다."고 말한 것으로 보아, 자신도 자각하고 있었음을 알 수 있다.

협력을 원한다면 자존심을 지켜주기 위해 노력해야 한다

1910년, 톨스토이는 82세의 나이에 거센 눈발을 뚫고 집을 떠났다. 아내의 핍박에서 탈출하고 싶었기 때문이었다. 11일 후, 그는 기차역에서 폐렴으로 사망했다.

1919년, 소피야는 세상을 떠나기 전에 딸들에게 고백했다. "너희 아버지가 죽은 것은 내 잘못이다." 딸들도 이를 부인하지 않았다.

03 폭력적인 사람과의 결혼은 인생 최대의 비극이다

위대한 대통령으로 손꼽히는 링컨의 결혼 생활은 고난으로 가득했다.
그의 아내 메리는 링컨을 학대하고 폭력을 행사하는 사람이었다.

카네기는 미국 제16대 대통령이었던 링컨이 비극적인 생애를 살았다고 단언했다. 비극의 원인은 링컨의 결혼 생활이었다. 아내 메리는 링컨에게 폭언을 퍼붓고 폭력을 행사하며 그를 학대했다. 그녀는 수행하는 사람들이 지켜 보고 있는 아침 식사 자리에서 남편의 얼굴에 뜨거운 커피잔을 던진 일도 있었다. 당연히 링컨은 아내를 피하기 시작했다.

링컨은 가정 폭력의 피해자였다

링컨의 아내 메리 토드는 어느 날 아침 식사 자리에서 다른 사람들이 동석하고 있음에도 링컨의 얼굴에 뜨거운 커피잔을 던졌다. 그녀는 링컨에게 종종 폭언과 폭력을 행사했다.

메리가 난폭한 말과 행동을 일삼은 이유에 대해서 정신병을 앓고 있었기 때문이라는 견해도 있다. 그렇다면 동정심이 생기지만, 그녀가 자행했던 황당하고 수치스러운 폭언과 폭력에 노출된 가장 큰 피해자가 남편 링컨이었다는 사실은 변함이 없다. 메리는 남편을 자신이 원하는 대로 바꾸고 싶어 했지만, 결과적으로 남편이 결혼을 후회하고 자신을 피하게 만들었을 뿐이다. 쉴 새없이 폭발하는 메리의 사나운 분노가 부부를 불행에 빠트린 것이다.

아내의 폭력에 링컨은 결혼을 후회했다

메리는 링컨의 태도와 행동에 기품이 없다며 링컨을 무시하고 헐뜯었다. 그러한 언행으로는 자신이 원하는 대로 링컨을 바꿀 수 없었고, 오히려 남편을 가정에서 멀어지게 만들었다.

04 서로 존중하고 간섭하지 않는 것이 중요하다

평민 출신에서 영국 총리까지 오른 디즈레일리는 아내의 재력을 보고 결혼했다는 세간의 평가를 받았지만, 두 사람은 좋은 관계를 유지했다.

영국 총리를 지낸 벤저민 디즈레일리는 "내가 살면서 수많은 어리석은 일을 저지를 수도 있지만, 결코 사랑 때문에 결혼하지는 않겠다!"고 공언했었다. 그는 34세에 12세 연상인 메리와 결혼했다. 세간에서는 이를 두고, 디즈레일리가 재정적으로 어려움에 부닥쳤기 때문에 그녀의 재산을 목적으로 결혼했다고 떠들었다. 하지만 이들 부부는 서로를 신뢰하고 따뜻하게 배려하며, 제법 유쾌한 결혼 생활을 유지했다.

이해타산적인 결혼이었지만, 최고의 가정을 이루다

영국 총리 벤저민 디즈레일리는 정계에 입문하기 전, 변호사이자 소설가로 활동했다.

디즈레일리가 정계에 막 입문했을 때, 같은 선거구에 있던 루이스 하원 의원이 갑자기 세상을 떠났다. 디즈레일리는 미망인이 된 메리를 위로했다. 메리는 자녀가 없었기에, 남편의 종신 연금을 고스란히 상속받았다.

화목한 가정을 이루기 위해 가장 중요한 요소는 상호 존중이다. 작가 겸 변호사였던 디즈레일리는 여러 방면으로 학식이 넓은 사람이었다. 반면에 메리는 지적 소양이 다소 부족한 편이었다. 그는 단 한 번도 그녀를 무시하지 않았다. 메리가 공식적인 자리에서 무지한 언행을 해도 절대로 그녀를 질책하지 않았고, 오히려 조롱하는 사람들로부터 강하게 그녀를 옹호했다. 그들은 서로를 변화시키려 애쓰지 않았고, 불필요한 간섭도 하지 않았다.

디즈레일리의 청혼을 받은 메리는 "남편 사망 1주기까지는 기다려주십시오."라고 답한다. 당시 빚에 허덕이던 디즈레일리가 메리의 재산을 목적으로 청혼했다는 소문이 돌았다. 그런데도 메리는 그와의 결혼을 승낙했다.

이해타산적인 결혼이라는 평도 있으나, 두 사람은 서로를 존중했으며, 유쾌하고 다정한 관계를 유지했다. 결혼한 지 6년 후, 디즈레일리는 소설을 출간했고, 그의 아내에게 헌사를 남겼다.
"나의 완벽한 아내에게 바칩니다."

05 배우자를 탓하지 말고, 원하는 바를 제대로 전달한다

디즈레일리와 정치적 라이벌 관계였던 글래드스턴 역시 행복한 결혼 생활을 유지했다. 비결은 가족을 탓하지 않는 것이었다.

윌리엄 글래드스턴은 디즈레일리의 정치적 라이벌이었다. 디즈레일리는 보수당 지도자였고 글래드스턴은 자유당 지도자로 서로 간에 큰 입장차를 보였다. 그런 그들에게도 한 가지 공통점이 있었는데, 바로 둘 다 행복한 결혼 생활을 누렸다는 것이다. 글래드스턴이 원만한 부부관계를 유지할 수 있었던 비결은 가정에서 결코 가족을 비난하지 않았기 때문이다.

정치적으로는 경쟁했으나 가정생활은 비슷했다

벤저민 디즈레일리
영국 보수당의 지도자이자 총리를 역임했다.

윌리엄 글래드스턴
영국 자유당의 지도자이자 총리를 역임했다.

글래드스턴과 디즈레일리는 정책적으로 입장차를 보이며 충돌했고 논쟁을 벌였지만, 한 가지 공통점이 있었다. 그들의 결혼 생활이 행복했다는 것이다. 글래드스턴은 아내 캐서린과 59년 동안 화목하게 살았다.

글래드스턴은 호락호락하지 않고, 위엄있게 국정을 운영하는 사람으로 정평이 나 있었다. 그렇지만, 가족에게는 결코 화내는 법이 없었다. 하루는 아침을 먹으려고 식당에 내려왔더니, 모두 잠에 빠져 있었고 식사 준비가 되어 있지 않았다. 그는 짜증 내지 않고 영국에서 가장 바쁜 사람이 식사를 기다리고 있음을 알리기 위해 노래를 불렀다. 수완 좋게 가족을 배려하면서 자신이 원하는 바를 전달한 것이다. 러시아 제국 로마노프 왕조의 8대 황제, 예카테리나 2세는 정치적으로 잔인하고 무자비했지만, 가정에서는 인내심을 발휘했으며 절대로 화를 내지 않았다. 그녀는 그것이 가정생활을 성공적으로 유지하는 비결이라고 말했다.

결코 가족을 비난하는 법이 없었던 영국 총리

지금, 일어났어요.

오늘 아침은 뭐지?

모두~ 좋은 아침~.

식사 준비가 전혀 안 되었군.

글래드스턴은 결코 가족을 나무라는 법이 없었다. 아침 식사를 하러 식당에 내려왔는데, 가족 전원이 잠에 빠져 아침 식사가 준비되어 있지 않았다. 그는 화내지 않고, 영국에서 가장 바쁜 사람이 홀로 아침 식사를 기다리고 있다는 바람을 노래로 전달했다.

06 배우자에 대한 비난은 결혼 생활을 실패로 이끈다

배우자와 자녀를 탓하면 인생이 불행해진다. 카네기는 상대방에게 너무 많은 것을 요구하지 않는 것이 중요하다고 강조한다.

카네기는 결혼 문제를 전문으로 다루는 칼럼니스트이자 저널리스트인 도로시 딕스의 의견을 소개한다. 딕스는 "결혼 생활의 절반 이상은 실패로 끝난다."고 노골적으로 말했다. 화목하고 안락한 결혼 생활을 꿈꿨을 텐데, 그렇게나 많이 실패로 치닫는 원인은 과연 무엇일까? 그녀의 말에 따르면, 실패의 가장 큰 원인 중 하나는 배우자에 대한 비난이었다.

부부관계의 절반은 상대에 대한 비난으로 실패한다

결혼 문제에 정통한 칼럼니스트 도로시 딕스는 부부관계의 절반 이상이 실패한다고 말한다.

비난은 가정 내 불화의 원인입니다.

딕스는 많은 부부가 실패하는 이유는 서로를 향한 비난 때문이라고 단언했다.
배우자에 대한 비난은 상대방에게 괴로움만 안겨줄 뿐이다.

카네기는 자녀를 비난하고 싶어지면, 미국 작가 윌리엄 란드 리빙스턴의 명문 〈아버지가 잊고 있었단다〉를 읽어 보라고 권한다. 잠든 어린 아들의 머리맡에서 읊조리는 아버지의 독백이다. 아직 어리기 때문에 할 수 없는 일들이 많은 것이 당연한데도, 이를 잊고 어른의 기준으로 너무 많은 것을 요구하고 꾸짖었던 날들을 부끄러워하며 참회하는 내용이다.

지나친 요구는 비난으로 이어진다

어쩌다가 너를 나무라고 꾸짖는 습관이 생긴 것일까? 그저 어린아이일 뿐인 너에 대한 나의 보답이 그것이었다니! 너를 사랑하지 않아서가 아니라, 어린 너에게 너무 큰 기대를 했기 때문이란다. 나의 잣대로 너를 재고 있었던 거야. 너의 성품은 선하고, 훌륭하며 진실함으로 충만하지. 너는 작지만, 마음만큼은 드넓은 언덕 너머에서 밝아오는 새벽만큼이나 크단다. 누가 시키지 않아도, 나에게 달려와 굿나잇 키스를 해주는 것을 보면 알 수 있지.

아들아, 오늘 밤에는 그 무엇도 중요하지 않아. 어둠 속에서 부끄러운 마음을 안고, 너의 머리맡에 무릎 꿇고 있단다. 이는 미약한 속죄야. 네가 깨어있을 때 말할 수도 있지만, 아마도 너는 이해하지 못할 거야. 하지만 내일부터는 진정한 아빠가 되려고 한다. 너의 친구가 되고, 네가 괴로울 때 함께 괴로워하고, 네가 웃을 때 함께 웃을 거야. 다그치는 말이 튀어나오려고 하면 이를 악물고 참을게. 그리고 주문을 외울 거야. "아직 어린아이일 뿐이다! 아직 어린아이일 뿐이다!"

-〈아버지가 잊고 있었단다〉 중에서-

07 배우자가 좋아하는 것에 관심을 기울이고 칭찬한다

배우자가 하는 일과 관심사에 주의를 기울이고 칭찬하자.

배우자가 무엇을 좋아하는지 알고 있는가? 배우자가 마음을 두고 있는 것에 관심을 기울여야 행복하게 해 줄 수 있다. 예를 들면, 여성은 대체로 옷에 대한 애정이 각별한 편이다. 카네기는 많은 남성이 이를 잊거나 전혀 모르고 있다고 지적한다. 남편이라면 아내의 옷차림에 관심과 찬사를 표현하는 것이 중요하다. 카네기는 할머니와의 대화를 통해서 여성이 패션에 얼마나 애착을 느끼는지를 깨달았다.

프랑스인처럼 상대방을 칭찬하자

카네기는 많은 남성이 옷에 대한 여성의 각별한 애정을 간과하는 경향이 있다고 지적했다.

이 옷 어때? 아까 입은 옷보다 잘 어울려?

아까 입은 옷이랑 뭐가 다른지 모르겠는데?

카네기는 프랑스 상류층 소년은 여성의 패션을 칭찬하도록 교육받고 있으며, 이는 옳다고 말했다.

그래? 칭찬 고마워~

오~ 이 블라우스 당신한테 정말 잘 어울려!

카네기의 할머니는 98세에 세상을 떠났다. 할머니가 돌아가시기 전에, 카네기는 30년 전쯤에 찍은 할머니의 사진을 보여드렸다. 노령으로 기억력과 시력이 쇠약해진 할머니는 사진이 잘 보이지 않았다. 대신, 카네기에게 물었다. "애야, 내가 무슨 옷을 입고 있니?" 100세에 가까운 나이임에도 할머니의 옷에 대한 애정은 여전히 각별했다. 남성들은 여성의 옷에 대한 애정을 이해하고, 그녀들의 옷차림을 제대로 칭찬해야 한다. 이것이 좋은 관계를 다지는 비결이다.

100세에 가까운 여성도 여전히 옷차림에 신경 쓴다

카네기가 할머니에게 오래전에 찍은 사진을 보여주자, 시력이 저하된 할머니는 "내가 무슨 옷을 입고 있니?" 라고 물었다. 카네기는 할머니가 100세에 가까운 나이였고 기억력이 쇠약해졌음에도 옷에 대한 애정은 변함없다는 점에 깊은 인상을 받았다.

08 배우자에게 감사의 표현을 주저하면 안 된다

고마운 마음이 상대방에게 전달되도록 제대로 표현해야 한다.
감사는 상대방이 알아채지 못하면 의미가 없다.

앞에서 배우자의 관심사에 동조하고 칭찬하는 것이 중요하다고 강조했지만, 다른 사람을 칭찬하는 것에 익숙하지 않은 사람에게는 쉽지 않을 것이다. 하지만 명심하자. 칭찬과 감사를 표현하는 것을 주저해서는 안 된다. 배우자가 나를 위해 무언가를 해준다면, 그 타이밍을 놓치지 말고 찬사와 감사를 전해야 한다. 배우자로 인해 내가 행복을 느끼고 있으며, 배우자가 나에게 얼마나 중요한 존재인지를 찬사와 감사로 표현하자.

주저하지 말고 감사의 마음을 표현한다

카네기는 배우자에게 고마움을 표현하라고 권한다. 배우자에게 감사하고 있으며, 배우자의 일에 진심으로 감탄하고 존중하고 있음을 반드시 말로 표현해야 한다.

카네기는 아내에 대한 찬사와 감사를 가장 훌륭하게 표현하는 사람으로 워너 백스터를 지명했다. 아카데미상을 받은 배우 백스터는 동료 여배우, 위니프레드 브라이슨과 결혼했다. 위니프레드는 결혼과 동시에 은퇴했고, 더 이상 관객으로부터 뜨거운 갈채를 받을 일이 없었다. 그러나 결혼 생활 내내 남편 백스터로부터 아낌없는 찬사와 찬양을 받았다.

배우자에게 갈채를 보내다

아카데미 남우주연상을 받은 워너 백스터는 위니프레드 브라이슨과 결혼했다. 위니프레드 역시 무대에서 찬사를 받던 배우였다.

위니프레드는 결혼과 동시에 배우 생활을 접고 관객의 뜨거운 갈채에서 멀어졌다.
하지만 남편 백스터가 관객을 대신해 늘 그녀에게 찬사와 갈채를 보냈다.
이는 위니프레드의 경력과 헌신을 잘 알고 있던 백스터의 연민, 배려, 친절이었다.

09 행복한 관계를 유지하려면 일상의 작은 배려가 중요하다

사소한 사건이 쌓여 가족 관계를 무너뜨릴 수 있다. 화목한 가정은 일상의 작은 배려로도 충분히 만들 수 있다.

배우자와 좋은 관계를 유지하는 것이 쉽지 않다고 느끼는 사람이 많을 것이다. 사랑을 이어가는 데 필요한 일은 사실 사소한 것들이다. 카네기는 "너무 많은 사람이 일상적인 관심의 가치를 과소평가한다."며 한탄했다. 작은 선행, 친절과 배려로 상대방을 충분히 행복하게 만들어 줄 수 있다. "이 길은 단 한 번만 지날 것이니, 내가 누군가에게 선행과 친절을 베풀 수 있다면 지금 그렇게 하라. 다시는 그 길을 지나지 않을 테니 미루지 말라."

일상의 소소한 행동으로 이혼을 막을 수 있다

다녀와요.

결혼은 사소한 사건의 연속이다!

다녀올게~.

그 사소한 것들이 가정 불화의 씨앗이 된다.

조지프 사바스 판사

시카고 판사 조지프 사바스는 "배우자가 집을 나설 때, 잘 다녀오라며 손을 흔들어 주는 것만으로도 여러 건의 이혼을 막을 수 있었다."고 말한다.

40,000건 이상의 이혼 소송을 맡은 조지프 사바스 판사는 "부부 갈등과 불화의 대다수는 사소한 것에서 비롯된다."고 말했다. 그는 매일 아침 집을 나서기 전에 배우자에게 손을 흔들며 인사하는 것만으로도 수많은 이혼을 막을 수 있었다고 주장한다. 카네기는 작은 선물, 잠깐의 전화 통화, 기념일 챙기기, 기분 전환하기 등을 예로 들며 일상의 작은 배려로 이혼을 예방할 수 있다고 말한다.

부부 사이를 좋게 하는 일상의 마음가짐

카네기는 부부관계를 개선하는 데 도움이 되는 몇 가지 사소한 행동을 소개했다.

작은 선물

작은 선물로 꾸준히 사랑을 표현하자.

전화 통화

잠시 틈을 내어 전화나 SNS로 연락하자.

기념일 축하

생일과 결혼기념일을 잊지 말자.

소소한 기분 전환

침대에서 소박한 아침을 먹는 등의 작은 이벤트로 기분 전환을 하자.

직장에서처럼 가족에게도 예의를 지킨다

직장 동료나 비즈니스 파트너에게는 예의를 지키면서, 가족에게는 무례하게 구는 사람들이 있다.

배우자를 선택할 때, 꼭 봐야 할 것은 나에게 예의를 지키는지 여부이다. 다른 사람에게는 공손하고 예의 있게 행동하면서, 가족에게는 걸핏하면 화를 내고 함부로 하는 사람이 드물지 않다. 결혼 칼럼니스트 도로시 딕스는 "당신에게 비열하고 모욕적인 말을 퍼붓는 사람은 대부분 가족이다."라며 날카롭게 꼬집었다. 예의는 가정의 윤활유임을 기억하자.

직장에서와 마찬가지로 집에서도 예의 바르게 대화한다

어떤 사람들은 직장에서는 예의 바르지만, 집에서는 가족에게 윽박지르고 화를 낸다. 그러한 행동은 가족에게 고통을 안겨준다.

행복한 결혼 생활을 유지할 확률은 얼마나 될까? 로스앤젤레스 가족관계연구소장 폴 포프노는 "식료품 사업을 시작하는 남성 가운데 70%는 실패하지만, 결혼 생활을 시작하는 남녀 가운데 70%는 성공한다."고 말했다. 수치적으로는 그의 주장이 타당할 수 있다. 그러나 앞서, 도로시 딕스는 실제로는 절반 이상의 결혼이 실패한다고 주장했다. 그 이유에 대해, "대다수 남성이 가정을 행복하게 만들기 위해 하는 노력은 일에서 성공하기 위해 기울이는 노력보다 부족하기 때문이다."라고 답했다.

가정을 결코 가볍게 여겨서는 안 된다

일을 잘하려고 애쓰는 사람은 많다.

직장에서는 열심히 노력하면서 가정을 위한 노력은 소홀하게 여기는 사람이 많다.

11 성에 관한 의식 차이가 부부 갈등을 유발한다

가족 문제 연구 데이터와 전문가의 의견에 따르면, 성만족도는 부부관계에 중요한 요소이다.

뉴욕시 사회 위생국장 캐서린 비먼트 데이비스 박사와 G. V. 해밀턴 박사는 기혼자를 대상으로 대규모 조사를 실시했다. 연구 결과, 성적 불일치가 부부 사이에 마찰을 일으킨다는 사실이 밝혀졌다. 앞서 나온 폴 포프노 역시 가정불화의 첫 번째 원인으로 성적 불만족을 꼽았다. 신시내티 가정법원 판사 호프만도 이에 동의한다.

많은 연구 데이터와 전문가들은 성 만족도를 언급한다

미국 사회위생국과 의학 박사들이 실시한 연구에 따르면, 이혼의 주된 원인이 성적 불일치로 조사되었다. 로스앤젤레스 가족관계 협회 이사 포프노, 신시내티 가정 법원 판사 호프만, 심리학자 왓슨 등의 전문가들도 성 문제를 중요시했다.

경제적인 문제도 물론 중요하지만, 성 만족도 역시 무시할 수 없다. 성적 불일치는 부부간에 이 문제에 관해 대화를 나누지 않기 때문이다. 감정적으로 입을 다무는 대신 의연하게 부부관계에 대해 논의하는 능력을 키우기 위해서는 이를 주제로 다루고 있는 훌륭한 책을 찾아 읽기를 추천한다. 포프노는 성생활과 결혼 관련 책을 읽는 사람이 늘어나면서 이혼 건수가 서서히 감소하고 있다며 이를 뒷받침 한다.

성적 불일치가 이혼으로 연결된다?

포프노는 결혼에 실패하는 원인 4가지를 제시했다.

1. 성적 불일치
2. 여가 활동에 대한 견해차
3. 경제적 어려움
4. 정신, 육체, 정서적 이상

카네기는 성에 대한 올바른 지식을 갖는 것도 중요하다고 지적한다. 컬럼비아 대학교와 뉴욕시 사회위생국은 대학생의 성생활과 결혼 문제를 교육자들이 논의하도록 포럼을 열었다.

부모님이 가르쳐 준

카네기의

'고민 극복 기술'

카네기는 여러 고민에 대처하는 효과적인 방법은 생각할 시간이 없을 정도로 몸을 바쁘게 움직임으로써 사고 과정을 바꾸는 것이라고 조언한다. YMCA 강사 경험과 어릴 때, 고민에 대처하는 부모님의 태도를 곁에서 지켜본 경험으로부터 영감을 얻어 이 아이디어를 떠올리게 되었다.

미국 미주리주의 가난한 농부였던 카네기의 부모님은 벌이가 시원치 않았고, 때로는 재난으로 절망에 빠지기도 했다. 홍수로 농작물이 모두 유실되거나 키우던 가축이 질병으로 폐사하는 등의 자연재해를 당하는 일도 드물지 않았다. 게다가 정치적 영향으로 곡물 가격이 폭락하여, 농사를 지을수록 빚만 늘어나던 시절도 있었다. 그러나 카네기의 부모는 그런 상황에서도 희망을 잃지 않았다.

카네기는 어릴 때를 회상하며 이렇게 말한다.

"부모님은 아무리 힘들어도 화목한 가정을 지키려고 노력하셨다."

도대체 그들의 희망의 빛은 어디에서 비롯된 것일까?

후에 카네기는 고민에 관해 연구하면서 이는 '기도'와 관련되어 있다고 확신하게 되었다. 부모님은 매일 신의 가호를 빌며 기도하는 습관이 있었다. 기도하면 언젠가 좋은 날이 온다고 믿고, 이를 마음의 버팀목으로 삼으며 희망을 잃지 않았다.

카네기가 기도에 큰 힘이 있다고 믿은 이유는 또 있다. 신에게 나의 문제를 고백함으로써 혼자가 아님을 깨달을 수 있다. 마음에 담아 두는 것이 아니라 실제로 이야기함으로써 마음을 가볍게 할 수 있다는 것이다.

또한, 나의 고민과 힘듦을 언어로 표현하는 과정에서 사고가 명쾌해지는 것도 기도의 장점이다. 속으로만 생각하다 보면, 다양한 감정과 생각이 복잡하게 얽혀 불안이 증폭된다. 언어화함으로써 생각을 명확히 할 수 있고 그 결과 긍정적인 기분을 만들 수 있다.

마치며

카네기의 가르침을
배우고 실천하자

끝까지 읽어주셔서 감사합니다. 카네기의 가르침은 대부분 그의 강사 경험에서 도출되었기 때문에, 구체적이고 실천적인 것이 특징입니다.

그의 가르침에는 한 가지 공통점이 있는데, 이는 '상대를 진심으로 인정할 때, 비로소 상대도 마음을 열게 된다'는 것입니다. 상대방은 타인이므로 나와 생각과 의견이 다른 것이 당연합니다. 설령 상대방이 실수하더라도 비난하기보다는 공감하고 배려하는 것이 중요합니다. 직장, 학교, 가정 등의 모든 상황에서 타인과 원활하게 소통하고 신뢰를 쌓기 위해 잊지 말아야 할 가르침입니다.

그의 모든 가르침을 바로 실천하기는 쉽지 않을 것입니다. 단순하고 분명한 원칙일수록 실천하기 어렵기 마련입니다. 그러나 바로 포기하지 않고 계속 노력하는 것이 중요합니다.

그의 가르침은 '인간관계를 구축하는 방법'이므로 실천을 통해서만 습득할 수 있습니다. 상대방이 나의 노력과 배려를 깨닫게 되면 더욱 친밀한 관계를 맺게 될 것입니다.

그의 가르침은 시대와 국가를 막론하고 우리 모두에게 필요합니다. 여러분이 앞으로 어떤 환경에 놓이더라도 유익한 원칙이 될 것입니다. 혼자 실천하기 어렵다면 주변 친구들과 함께해 보시길 바랍니다. 서로를 강화하면 흡수 속도도 빨라집니다.

여러분이 더 나은 인간관계를 구축하는 데, 이 책이 조금이라도 도움이 된다면 저로서는 기쁘기 그지없을 것입니다.

후지야 신지

주요 참고문헌

《超訳 カーネギー 人を動かす》D·カーネギ 저, 弓場隆 번역 (ディスカヴァー・トゥエンティワン)

《人を動かす 完全版》D·カーネギー저, 東条健 번역 (新潮社)

《人を動かす 文庫版》D·カーネギー저, 山口博 번역 (創元社)

《13歳から分かる! 人を動かす カーネギー 人間関係のレッスン》藤屋伸二 감수 (日本図書センター)

《まんがでわかる D·カーネギーの「人を動かす」「道は開ける」》藤屋伸二 감수 (宝島社)

毎朝５分で学べるリーダーシップのコツ! カーネギー「人を動かす」の教え見るだけノート
MAIASA 5FUNDE MANABERU LEADERSHIPNO KOTSU!
CARNEGIE 'HITOWO UGOKASU'NO OSIE MIRUDAKE NOTE
by SHINJI FUJIYA

빠르게 독파하고 확실히 각인하는 비주얼 노트!

데일 카네기 인간관계론

초판 1쇄 발행 · 2023년 2월 28일

감　수 · 후지야 신지
옮긴이 · 서희경
펴낸이 · 곽동현
디자인 · 정계수
펴낸곳 · 소보랩

출판등록 · 1998년 1월 20일 제2002-23호
주소 · 서울시 동작구 동작대로 1길 27 5층
전화번호 · (02)587-2966
팩스 · (02)587-2922
메일 · labsobo@gmail.com

ISBN 979-11-391-1397-6 14320
ISBN 979-11-391-0292-5 (세트)